Richard C. Michaelis

Ein Blick in die Zukunft

Richard C. Michaelis

Ein Blick in die Zukunft

ISBN/EAN: 9783743356238

Hergestellt in Europa, USA, Kanada, Australien, Japan

Cover: Foto ©Suzi / pixelio.de

Manufactured and distributed by brebook publishing software (www.brebook.com)

Richard C. Michaelis

Ein Blick in die Zukunft

Ein Blick in die Zukunft.

Von

Richard Michaelis.

———

Eine Antwort auf

Ein Rückblick.

Von Edward Bellamy.

———

CHICAGO AND NEW YORK:
RAND, MCNALLY & COMPANY, PUBLISHERS.
1890.

Vorwort.

Jedes Streben nach Wahrheit und Besserung unserer Zustände verdient Anerkennung; selbst wenn wir die Richtung und die vorgeschlagenen Maßregeln nicht billigen können. Herrn Edward Bellamy's Buch, „Ein Rückblick", stellt einen Versuch dar, die Lage der Menschheit zu bessern und ist deshalb lobenswerth; aber wenn wir seine Verbesserungs-Vorschläge des schillernden Mantels entkleiden, mit welchem er sie umgeben hat, so bleibt nichts übrig, als nackter Communismus. Und dieser hat sich überall, wo er ohne religiöse Grundlage eingeführt wurde, als ein Fehlschlag erwiesen. Heut ist er nur noch bei Wilden und Menschenfressern „Staatsform".

Chicago war während der letzten vierzehn Jahre der Mittelpunkt der communistischen und anarchistischen Bewegung in den Ver. Staaten. Während ich in der „Freien Presse" die Grundsätze, auf welchen das amerikanische Staatswesen beruht, gegen jene aus den übervölkerten europäischen Industrie = Ländern eingeschleppten Lehren vertheidigte, wurde ich sowohl mit diesen sehr vertraut, wie auch mit den Schrullen

(5)

und Sonderheiten der Gesellschafts-Retter, die allen Ernstes glauben, sie seien im Besitz eines unfehlbaren Mittels, mit welchem sie nicht nur alle menschlichen Einrichtungen, sondern auch die Menschen selbst vollkommen machen könnten.

Herr Bellamy vertritt allerdings gemäßigtere Ansichten, als diejenigen, welche Spies und Parsons lehrten; aber er hat dies mit den Anarchisten und Communisten von Chicago gemein, daß er unfähig geworden ist, die Einrichtungen, Zustände und Menschen der Jetztzeit gerecht zu beurtheilen, daß er die Schwierigkeiten unterschätzt, welche der Einführung von ihm vorgeschlagener Aenderungen entgegen stehen, daß er wirklich glaubt, seine Staats-Luftschlösser würden im Handumdrehen greifbare Thatsachen werden und daß er sein Wolkenkuckucksheim mit engelgleichen Wesen bevölkert, welche alle menschlichen Schwächen abgelegt haben und unter keinen Umständen ein Unrecht begehen würden. Die Annahme, daß die Männer und Frauen in einem communistischen Staatswesen Selbstsucht, Neid, Haß, Eifersucht, Streitsucht und Herrschsucht gänzlich abstreifen würden, ist ebenso vernünftig oder unvernünftig, wie die Annahme, daß ein Mensch 113 Jahre schlafen und alsdann eben so jung und kräftig aufstehen könnte, wie er sich niederlegte.

Welch sonderbare Maßregeln Gesellschafts=Retter doch mitunter vorschlagen! John Most möchte im Namen der Gleichheit erst alle Diejenigen umbringen, die nicht in allen Dingen seiner Meinung sind. Dann würde er alle Gesetze und alle Beamten abschaffen und dann der Natur ihren Lauf lassen!—

Herr Bellamy dagegen würde, ebenfalls im Namen der Gleichheit, allen tüchtigen und fleißigen Arbeitern einen namhaften Theil dessen rauben, was sie mit ihrer Thätigkeit geschaffen, das Geraubte würde er den un= geschickten, dummen und faulen Arbeitern geben, und das wäre dann, was Herr Bellamy Gerechtigkeit und Gleichheit nennt!

Und um diese angebliche „Gleichheit" zu erringen, würde Herr Bellamy natürlich den Wettbewerb opfern müssen, die Riesenkraft, welche uns Alle und Herrn Bellamy mit uns auf die Höhe der Bildung und Ge= sittung erhoben hat, die das Menschengeschlecht jetzt einnimmt. Es ist wahr, daß der Wettbewerb schwere Mißbräuche im Gefolge gehabt hat und noch heute hat. Aber jede Einrichtung kann zu Mißbräuchen führen und der Umstand, daß ein Ding gemißbraucht wird, beweist durchaus nicht, daß das Ding an sich schlecht ist.

Niemand kann leugnen, daß der Wettbewerb wäh= rend der Jahrhunderte christlicher Civilisation die geisti=

gen und körperlichen Kräfte der Menschheit hoch ent=
wickelt hat, daß der Wettbewerb während dieser Jahr=
hunderte alle Menschen zur Einsetzung ihrer höchsten
Leistungsfähigkeit angespornt und unser Geschlecht auf
eine Höhe gehoben hat, auf welcher dem gewöhnlichen
Arbeiter mehr Bequemlichkeiten und Genüsse zugänglich
sind, als den Königen, von welchen Homer singt.

Jedes Geschlecht hat an großen Aufgaben zu
arbeiten und uns liegt es ob, die Beziehungen des
Kapitals zur Arbeit zu regeln, welche besonders schwie=
rig geworden sind, seitdem durch die Entdeckung der
Dampfkraft auf den Gebieten vieler Erwerbszweige
große Umwälzungen stattgefunden haben.

Wir haben Mittel und Wege zu finden, nicht um die
Arbeit zu vermeiden, von welcher Herr Bellamy stets
als von einem Uebel spricht, sondern um den Hirnkrebs
unserer Zeit zu heilen: die beständige Unsicherheit und
die Furcht vor Armuth. Das können wir aber durch
Zusammenarbeiten und durch Versicherungs=Gesell=
schaften, die auf Gegenseitigkeit begründet sind, ohne
daß es für uns nöthig wird, in den Communismus
zurück zu fallen, diese niedrigste Form der menschlichen
Gesellschaft.

Die Unvollkommenheit, welche der Menschheit
anhaftet, muß naturgemäß auch alle ihre Einrichtungen

kennzeichnen und nichts ist daher leichter, als in einem
„Rückblick" die Unzulänglichkeit aller Menschen und
Dinge nachzuweisen, und alsdann von Engeln bevöl-
kerte Luftschlösser zu bauen.

Ich werde jetzt einen „Blick in die Zukunft"
thun. Ich werde zeigen, wie Herr Bellamy's hübsche
Geschichte enden muß, wenn sie fortgesetzt wird. Ich
beabsichtige nachzuweisen, daß Herr Bellamy den Versuch macht, einen Zustand unbedingter Gleichheit zu
errichten; dann aber, an der Möglichkeit verzweifelnd,
eine Ungleichheit befürwortet, welche in vieler Hinsicht
drückender sein würde, als die jetzigen Verhältnisse.
Ich werde darlegen, daß unter der Regierungsform,
welche Herr Bellamy vorschlägt, Günstlingswirthschaft
und Corruption im öffentlichen und Erwerbs-Leben
üppig wuchern müßten. Ich werde beweisen, daß in
Herrn Bellamy's Vereinigten Staaten von menschlicher
Freiheit wenig zu finden sein und daß das selbstbe-
wußte, unabhängige amerikanische Volk eine solche
Knechtschaft nimmermehr ertragen würde. Und ich
werde über jeden vernünftigen Zweifel hinaus nachweisen, daß das Volk in dem von Herrn Bellamy
angepriesenen Staatswesen viel ärmer sein würde,
als heute.

Ich bestreite durchaus nicht, daß unsere Gesell-

schaft dringend umgestaltender Verbesserung bedarf;
aber ich bin nicht bereit, Herrn Bellamy, Herrn Most
oder irgend Jemandem blindlings zu folgen, lediglich
weil er behauptet, die Menschheit sofort von allen Uebeln
befreien zu können. Ich beabsichtige nicht, mich kopf=
über in die Dunkelheit zu stürzen.

Wenn Herr Bellamy und seine Anhänger sich so
sicher fühlen, das tausendjährige Reich menschlicher
Glückseligkeit begründen zu können, so mögen sie es
versuchen, wie es die Communisten der „Amana Society"
versucht haben, welche im Staate Jowa eine Gemeinde
errichteten mit Gütergemeinschaft auf religiöser Grund=
lage. Die Regierung der Ver. Staaten besitzt noch
viele Tausende von Ackern guten Landes, wo Herr
Bellamy und seine Freunde sich niederlassen und der
Welt zeigen können, wie man die Menschheit im Hand=
umdrehen vollkommen macht! Aber sie sollten vom
Volke der Ver. Staaten nicht verlangen, daß dieses
seine jetzige Regierungsform und seine Gesellschafts=
ordnung aufgeben solle, ehe Herr Bellamy und dessen
Freunde bewiesen haben, daß ihre Heilmittel für die
Schäden der Gesellschaft in der That unfehlbar sind.

Chicago, April 1890.

Richard Michaelis.

Ein Blick in die Zukunft.

Erstes Kapitel.

Um mich selbst denjenigen Lesern vorzustellen, welche das von Herrn Edward Bellamy herausgegebene Buch „Looking Backward" („ein Rückblick") nicht kennen, theile ich hier in Kürze die bemerkenswerthen Ereignisse meines Lebens mit, welche in jenem Werke erzählt worden sind.

Ich wurde am 26. Dezember 1857 in Boston geboren und Julian West getauft. Ich besuchte eine Schule und eine höhere Bildungsanstalt meiner Vaterstadt; da ich aber im Besitze eines bedeutenden Vermögens bin, so widmete ich mich keinem Berufe oder Geschäfte. Ich war mit Fräulein Edith Bartlett verlobt, einer jungen Dame von großer Schönheit. Wir hegten die Absicht zu heirathen, sobald mein neues Haus in bewohnbarem Zustande sein würde. Leider wurde aber der Bau vielfach durch Arbeitseinstellungen der Zimmerleute und Maurer unterbrochen und ich bewohnte immer noch das altväterliche Gebäude, in

(11)

welchem drei Geschlechter meiner Familie gelebt hatten.

Da ich oft durch Schlaflosigkeit litt, hatte ich unter dem Fundamente meines alten Hauses ein Gewölbe herrichten lassen, in das der Lärm der Großstadt, meinen Schlummer störend, nicht dringen konnte. Das Gewölbe war ganz feuerfest und erhielt frische Luft durch eine eiserne Röhre, welche zum Dache des Hauses hinaufreichte.

Um in Schlaf zu verfallen, war ich oft genöthigt, mich der Hülfe eines Mesmeristen zu bedienen. So auch am 30. Mai 1887. Nachdem ich zwei Nächte schlaflos verbracht hatte, sandte ich meinen schwarzen Diener Sawyer zu einem Dr. Pillsbury, welcher sich bei ähnlichen Gelegenheiten stets hilfreich erwiesen hatte. Der Arzt war gerade im Begriff die Stadt zu verlassen, um in New Orleans einen Wirkungskreis zu suchen, und es war daher die letzte Behandlung die er mir angedeihen lassen konnte. Ich beauftragte Sawyer, mich am nächsten Morgen um 9 Uhr zu wecken und fiel dann unter den Manipulationen des Mesmeristen in einen tiefen Schlaf.

Als ich erwachte, fand ich, daß ich 113 Jahre, 3 Monate und 11 Tage geschlafen hatte.

Ich entdeckte, daß das alte Haus durch Feuer zer=

ſtört worden war und daß Sawyer in den Flammen
ſeinen Tod gefunden hatte. Dr. Pillsbury hatte
Boſton verlaſſen, die Exiſtenz des unterirdiſchen Ge=
wölbes war meinen Freunden unbekannt geweſen, das
Haus war nicht wieder aufgebaut worden und ſo hatte
ich mehr als hundert Jahre in tiefem Schlafe verbracht,
bis ein Dr. L ete, der Bewohner eines Hauſes, welches
auf einem Theile meines früheren Grundſtückes errich=
tet worden war, im Jahre 2000 mit dem Bau eines
Labcratoriums begonnen und bei dieſer Gelegenheit
mein Gewölbe ſowie mich ſelbſt entdeckt hatte.

Ich erfuhr, daß Edith Bartlett mich vierzehn
Jahre lang betrauert und dann geheirathet hatte, daß
Dr. Leete's Gattin Edith's Enkelin und daß ſeine
Tochter Edith demnach die Urenkelin der jungen Dame
iſt, welche ich vor 113 Jahren heirathen wollte.

Meine ungebrochene Manneskraft widerſtand dem
gewaltigen Eindrucke, welchen dieſe Entdeckungen auf
mich machten. Ich fühlte mich in dem Hauſe des Dr.
Leete bald heimiſch, um ſo mehr, als die junge Edith
in meinem Herzen alsbald den Platz einnahm, welcher
einſt Edith Bartlett gehört hatte. Und es währte
nicht lange, bis Edith Leete, ein romantiſch und mit=
leidsvoll veranlagtes, liebenswürdiges Mädchen, mit
Anmuth ihre Zuſtimmung gegeben hatte, die Nachfol=

gerin ihrer Urgroßmutter, das heißt meine Braut zu
werden.

Aber noch bemerkenswerther als der Wechsel in
meinem eigenen Schicksal, waren die Veränderungen,
welche auf sozialem Gebiete stattgefunden hatten.

Dr. Leete erklärte mir die neue Ordnung der
Dinge.

Geschäftliche Unternehmungen Einzelner hatten
aufgehört. Der Staat besorgt am Ende des 20. Jahr=
hunderts Alles, was früher einzelne Leute oder Gesell=
schaften und Körperschaften unternommen und geleitet
hatten. Alle gesunden Leute, Frauen wie Männer, im
Alter von 21 bis 45 Jahren gehören dem Heere der
Arbeiter an. Leute über 45 Jahre werden nur aus=
nahmsweise, in Fällen dringender Nothwendigkeit, wie=
der in Dienst gestellt.

Geld ist abgeschafft worden; aber jeder Bewohner
der Ver. Staaten erhält einen gleichen Antheil an den
Ergebnissen der Arbeit der „industriellen Armee" in
Gestalt eines Guthabens = Scheines, eines Stückes
Pappe, auf welchem Dollars und Cents verzeichnet
sind. In jedem Stadttheile und in jedem größeren
Landbezirke befindet sich ein Lagerhaus, in welchem
das Volk Alles findet, dessen es bedarf. Der Werth
der Waaren, welche Jemand kauft, wird aus seinem

Guthabens = Scheine herausgestochen und sein Gut=
haben in den Regierungsbüchern wird mit dem Betrage
der gekauften Waaren belastet.

Die Mahlzeiten werden von großen Kochhäusern
geliefert. Die Wäsche wird in großen Anstalten ge=
reinigt und ausgebessert. Es steht Jedermann frei,
seine Mahlzeiten daheim oder im Speisehause einzu=
nehmen. Die Auswahl der Gerichte ist groß und man
kann im Kochhause auch eigene Speisezimmer haben.
Der Preis der Mahlzeiten richtet sich nach den bestell=
ten Speisen, so wie nach dem Orte, wo diese genossen
werden.

Jede Familie bewohnt ein eigenes Haus. Die
Einrichtung gehört dem Bewohner. Die Miethe rich=
tet sich nach Größe und Einrichtung des Hauses und
wird ebenfalls mit einem Kneifzängchen aus dem Gut=
habens=Scheine herausgestochen.

Alle Bewohner der Ver. Staaten sind verpflichtet
die Schule zu besuchen, bis sie das einundzwanzigste
Lebensjahr erreicht haben. Dann werden sie Mitglie=
der des Arbeiter=Heeres. Während der ersten drei
Jahre ihres Dienstes werden sie Rekruten oder Lehr=
linge genannt. Sie müssen die gewöhnlichsten Arbei=
ten verrichten unter dem unbedingten Befehle ihrer
Offiziere oder Aufseher. Ueber ihr Verhalten wird

Buch geführt und die Befähigung wie das Betragen jedes Rekruten angemerkt.

Nach den ersten drei Jahren seines Dienstes kann jeder Rekrut einen Beruf wählen. So viel wie möglich werden die Rekruten in solche Beschäftigungszweige eingereiht, denen sie den Vorzug geben. Zuerst dürfen diejenigen Rekruten wählen, welche die besten Zeugnisse haben. Manche müssen allerdings eine zweite, oder auch eine dritte Wahl treffen, wenn nach einzelnen Berufszweigen ein zu großer Andrang stattfindet. Und noch Andere müssen mit solchen Stellungen vorlieb nehmen, welche ihnen von ihren Vorgesetzten angewiesen werden.

Alle Mitglieder des Arbeiter-Heeres werden nach ihrer Befähigung und nach ihrem Betragen in drei Abtheilungen getheilt und Lehrlinge mit besten Zeugnissen können nach dreijähriger Dienstzeit als Rekruten sofort in die erste Abtheilung derjenigen Gilde oder Zunft treten, welcher sie sich anschließen wollen.

Der General einer Zunft oder Gilde ernennt alle Offiziere derselben. Die Lieutenants müssen den Mitgliedern der ersten Abtheilung entnommen werden. Die Hauptleute erwählt der General aus den Reihen der Lieutenants, die Obersten aus den Hauptleuten. Der General selbst wird von den früheren Mite gliedern seiner Zunft erwählt, d. h. von Denjenigen, welche das fünfundvierzigste Lebensjahr überschritten haben. Die früheren Mitglieder aller Zünfte wählen auch die Vorsteher der zehn großen Abtheilungen oder Gruppen verwandter Zünfte, in welche das Arbeiter=Heer eingetheilt ist. Diese Chefs oder Vorsteher werden aus den Generälen der Zünfte gewählt. Die früheren Zunftgenossen erwählen auch den Präsidenten der Ver. Staaten, welcher früher Vorstand einer der zehn großen Abtheilungen gewesen sein muß. Der Präsident, die Vorsteher der zehn großen Abtheilungen des Arbeiter=Heeres und die Generäle aller Zünfte wohnen in Washington.

Die Angehörigen der Arbeiter=Armee haben nicht das Recht bei der Wahl der Officiere, von welchen sie befehligt werden, mit zu stimmen. Während ihrer vierundzwanzigjährigen Dienstzeit haben sie keine Vertretung; aber wenn sie gegen einen Vorgesetzten Beschwerde führen wollen, so können sie ihre Klage vor einem Richter anhängig machen, dessen Entscheidung endgültig ist.

Die Richter werden vom Präsidenten aus den Reihen der Zunftgenossen gewählt, welche aus dem Arbeiter=Heere geschieden und mehr als 45 Jahre alt sind. Die Dienstzeit der Richter dauert fünf Jahre.

2

Gerichtshöfe, Rechtsanwälte, Gefängnisse, Sheriffs, Steuer=Einschätzer und Einnehmer, und viele andere Beamte sind abgeschafft worden. Verbrecher werden in Heilanstalten als Verstandeskranke behandelt.

Die Bundesregierung regelt alle Thätigkeit. Wenn sie bemerkt, daß nach irgend einem Berufszweige ein starker Andrang von Freiwilligen stattfindet, während andere Zünfte über Mangel an Freiwilligen klagen, so verlängert die Regierung die Arbeitszeit der bevorzug= ten Gilde und verringert die Zahl der Arbeitsstunden in denjenigen Berufszweigen, welche mehr Freiwillige brauchen.

Die Frauen haben ihre eigenen Offiziere, Generale und Richter, und bilden ein Hülfsheer der Arbeit. Sie erhalten dieselben Guthabensscheine wie die Männer, und da das Kochen, Waschen, sowie das Ausbessern von Haushaltungs=Gegenständen außerhalb besorgt wird, so haben die Frauen des zwanzigsten Jahrhunderts mehr Zeit für Arbeit, welche Werthe erzeugt, als die Frauen am Ende des neunzehnten Jahrhunderts.

Rekruten, welche drei Jahre gedient haben, können in technische, medizinische und andere gelehrte Schulen eintreten; wenn sie aber außer Stande sind, mit ihren Klassen geistig Schritt zu halten, müssen sie wieder aus= treten. Aerzte, welche von Kranken nicht genügend in

Anspruch genommen werden, mithin das Vertrauen ihrer Mitbürger nicht genießen, müssen es sich gefallen laffen, daß ihnen andere Beschäftigung zugewiesen wird.

Wenn Leute die Herausgabe einer Zeitung wünschen, so können sie zusammentreten und gemeinschaftlich genug von ihren Guthabensscheinen an den Staat abgeben, um diesen für den Verlust der Arbeit der Redacteure, Setzer und Drucker zu entschädigen.

Wenn Jemand ein Buch herausgeben will, kann er es in seinen Mußestunden schreiben und es drucken laffen, indem er einen Theil seines Guthabensscheines als Bezahlung für Satz, Druck und Papier an den Staat aufgiebt. Für die verkauften Bücher erhält er dann ein entsprechendes Guthaben.

Geistliche werden in ähnlicher Weise wie die Re= dacteure von solchen Leuten besoldet, welche deren Predigten zu hören wünschen.

Krüppel oder andere Leute, welche außer Stande sind, die den Mitgliedern des Arbeiter=Heeres oblie= genden Pflichten ganz zu erfüllen, erhalten nichtsdesto= weniger ihren vollen Antheil an den Arbeits=Erzeug= nissen. Die Thatsache, daß sie Menschen sind, berech= tigt sie zu einem vollen Theil an den guten Dingen, welche die Erde bietet; gleichviel ob sie selbst wenig oder gar nichts produciren können.

Die Staats-Regierungen innerhalb des Gebietes der Union sind als nutzlos abgeschafft worden.

Alle andere civilisirten Völker haben die Arbeit und den Verbrauch ihrer Bürger ähnlich geregelt, wie die Ver. Staaten und sie treiben freien Handel mit einander. Am Ende eines jeden Jahres wird das Guthaben der verschiedenen Länder mit solchen Gegenständen ausgeglichen, welche überall verwendbar sind.

Die neue Ordnung der Dinge setzt die Völker in den Stand, ohne alle Sorgen zu leben und die Folge davon ist, daß die meisten Männer und Frauen von gesunder Körperbeschaffenheit 85 bis 90 Jahre alt werden. —

So lautete die Schilderung, welche mir Dr. Leete von der neuen Gesellschaftsordnung in einer Anzahl von Unterredungen machte. Der Doctor spricht sehr begeistert von dem Staate, in welchem er lebt, und steht nicht an, ihn das tausendjährige Reich zu nennen.

Die Besorgniß und Unsicherheit, welche ich in Bezug auf meine eigene Thätigkeit in dem Arbeiter-Heere empfand, wurden von Dr. Leete beseitigt. Er theilte mir mit, daß mir die Stellung des Professors der Geschichte des neunzehnten Jahrhunderts am Shawmut College in Boston offen stehe. Ich habe dieses Anerbieten angenommen und werde am nächsten Montage mein neues Amt antreten.

Zweites Kapitel.

Als ich zum ersten male den großen Saal im Shaw= mut College betrat, in welchem ich meine Vorlesungen halten sollte, gewahrte ich nahe der Saalthüre einen Herrn im Alter von etwa vierzig Jahren. Er war zu alt, als daß ich ihn hätte für einen Studenten halten können und da ich ihn nicht gesehen hatte, als Dr. Leete mich den Professoren der Anstalt vorstellte, so war ich einigermaßen neugierig zu erfahren, in welcher Eigen= schaft er meine erste Vorlesung mit seiner Gegenwart beehrte.

Der herzliche Empfang, welcher mir von Seiten der Professoren zu Theil geworden war, die Thatsache, daß die Studenten jeden Platz des großen Saales füll= ten, wirkten außerordentlich anregend auf mich und nachdem Dr. White, der Präsident der Universität, mich mit einigen schmeichelhaften Bemerkungen als einen lebenden Zeugen der Civilisation des neunzehn= ten Jahrhunderts vorgestellt hatte, begann ich meine erste Vorlesung vom besten Geiste beseelt.

Meine Rede stand naturgemäß unter dem Einflusse dessen, was Dr. Leete mir in unseren Unterredungen

(21)

über die vergleichsweisen Vorzüge und Nachtheile der Gesellschaftsordnung des neunzehnten und des zwanzigsten Jahrhunderts gesagt hatte.

Ich setzte auseinander, daß meine Hörer von mir keine Uebersicht der eigenartigen Civilisation in beiden Jahrhunderten erwarten dürften; auch keine Lobpreisungen der jetzigen Ordnung der Dinge. Ich würde nur auf einige Bestimmungen und Einrichtungen verweisen, welche als kennzeichnend gelten können für den Geist der beiden Zeitalter.

Als Merkmal des Zeitgeistes des neunzehnten Jahrhunderts schilderte ich den wahnsinnigen Wettbewerb. In diesem ekelhaften Kampfe sei der Mensch gezwungen worden „zu übervortheilen, die Gesetze zu umgehen, Concurrenten ein Bein zu stellen, zu betrügen, unter dem Werth zu kaufen und theuer zu verkaufen, das Geschäft niederzubrechen, mit welchem der Nachbar seine Familie ernährte, Leute zu veranlassen Dinge zu kaufen, welche sie nicht brauchten und wiederum Dinge zu verkaufen, welche sie lieber selber behalten sollten, die Arbeiter zu schinden, die Schuldner zu plagen und die Gläubiger zu täuschen,"*) um diejenigen

---

*) Einzelne Stellen aus Herrn Bellamy's Buch, welche kennzeichnend für die Art und Weise sind, wie er Gegenwart und Zukunft beurtheilt, theile ich in „Anführungszeichen" mit und gebe die Seiten an, auf welchen diese Sätze enthalten sind. Obiges ist auf Seite 277 zu finden.

unterhalten zu können, welche er zu ernähren hatte.
Ich zeigte, „daß unter den Leuten am Ende des neunzehnten Jahrhunderts mancher Mann gelebt, welcher,
wenn es sich nur um sein eigenes Dasein gehandelt
hätte, lieber gestorben wäre, als sich von Brod zu
nähren, welches er Andern entreißen mußte."*)
Ich setzte auseinander, daß dieser wahnsinnige
und vernichtende Wettbewerb beständig an Geist
und Körper der Menschheit gezehrt habe und
daß dieses zehrende Fieber noch vermehrt
worden sei durch die beständige Furcht vor gänzlicher
Verarmung. Das Gespenst der Unsicherheit hätte den
Menschen des neunzehnten Jahrhunderts auf Schritt
und Tritt verfolgt, es hätte sich mit ihm zu Tisch gesetzt,
und wäre mit ihm zu Bette gegangen und hätte ihm zu-
geraunt: „Arbeite, so gut du kannst, stehe früh auf und
wirke bis spät in die Nacht hinein, sei ein geriebener
Spitzbube, oder ein ehrlicher Mann, nimmermehr sollst
du das Gefühl der Sicherheit kennen lernen. Heut magst
du reich sein und doch noch in Armuth versinken. Hinter-
lasse deinen Kindern große Reichthümer, du kannst mit
denselben nicht die Zukunft sichern. Dein Sohn mag
der Diener deines Dieners werden und deine Tochter
mag gezwungen werden, sich für Brod zu verkaufen."†)

---

*) Seite 277.
†) Seite 321.

Vor hundert und dreizehn Jahren arbeiteten die
Menschen wie die Sclaven bis zur völligen Erschöpfung,
ohne dadurch auch nur die Sicherheit vor Verarmung
oder vor einem jammervollen Hungertode erwerben zu
können.   Heut, am Ende des gesegneten zwanzigsten
Jahrhunderts, wandele die Menschheit im rosigen Lichte
der Freiheit, Sicherheit, Glückseligkeit und Gleichheit.
Die Jugend des zwanzigsten Jahrhunderts genieße in
vorzüglichen Schulen einen ausgezeichneten Unterricht
und wähle nach Durchmachung einer dreijährigen Lehr-
zeit frei ihren Beruf.   Selbst während ihrer Dienstzeit
im Arbeiter-Heere erlaube ihnen die kurze Arbeitszeit
an ihrer geistigen Ausbildung weiter zu bauen und
dennoch bleibe ihnen zur Erholung mehr Zeit, als man
vor hundert Jahren für vereinbar gehalten hätte mit
dem Betriebe der Fabriken, der Landwirthschaft und
anderer Berufszweige.

Frei von allen Sorgen, in völliger Uebereinstimmung
mit den Nebenmenschen, ohne den störenden Einfluß
politischer Parteien, im Besitz eines Reichthums, wie er
in der Geschichte der Völker niemals erhört wurde,
könnten wir in der That sagen: „Der lange, erschöpfende
Winter der Menschheit ist zu Ende, der Sommer hat
begonnen. Unser Geschlecht hat die Eiskruste gesprengt.
Das Himmelreich steht uns offen!"*)

---

*) Seite 292.

Ich hatte mit Begeisterung, ja, mit tiefer Bewegung gesprochen und erwartete eine mindestens beifällige Aufnahme meiner Rede. Aber nur vereinzelte und kühle Beifallsbezeugungen ließen sich hören, als ich meinen Vortrag beendet hatte. Kaum der vierte Theil der im Saale befindlichen Studenten hatte es der Mühe werth gefunden, Uebereinstimmung mit den von mir entwickelten Ansichten auszudrücken und auch diese Wenigen schienen mehr aus Höflichkeit, als aus herzensfreudiger Uebereinstimmung ihren Beifall kund gegeben zu haben. Diese frostige Aufnahme war für mich eine solche Enttäuschung, daß ich nicht Muth genug sammeln konnte, mein Katheder zu verlassen und durch die Studenten zu schreiten, während diese den Saal verließen.

Ich machte mir daher an meinem kleinen Pulte zu schaffen, bis Jedermann die Halle geräumt hatte, mit Ausnahme des Herrn, welcher bei meinem Eintritt meine Aufmerksamkeit erregt hatte. Er blieb an der Thüre stehen, offenbar meinen Weggang erwartend.

„Sie gehören zur Universität," fragte ich, um meine Befangenheit zu verbergen.

„Allerdings," antwortete er mit einem leichten Lächeln, welches zu weiteren Fragen herausforderte.

„Vermuthlich habe ich das Vergnügen, einen

meiner Herren Collegen kennen zu lernen", fuhr ich fort. „Mein Name ist West".

„Bis vor einem Monate war ich Professor Forest, Ihr Vorgänger als Lehrer der Geschichte des neunzehnten Jahrhunderts. Heut bin ich einer der Pedelle und mein Vorgesetzter ist so freundlich gewesen, meiner Sorgfalt gerade diesen Saal zu empfehlen."

Ich hatte während der letzten Tage so vieles Neue und Ueberraschende gesehen, daß ich nicht so leicht in Erstaunen versetzt werden konnte.

Aber die Mittheilung, daß ein Universitäts-Professor mit der Reinhaltung desselben Saales beauftragt werden könnte, in welchem er vorher gelehrt, klang so unglaublich und eröffnete mir selbst für meine weitere Laufbahn eine so unerfreuliche Aussicht, daß ich meine Bestürzung nicht verbergen konnte.

„Und was hat diesen sonderbaren Stellungswechsel veranlaßt?" fragte ich.

„In meinen Vergleichen betreffs der Civilisation und der Lage der Menschheit im Jahre 1900 und im Jahre 2000 kam ich zu andern Schlüssen, als Sie," antwortete Forest.

„Sie wollen doch nicht etwa sagen, daß die Menschen am Ende des vorigen Jahrhunderts besser gestellt waren, als das jetzige Geschlecht," fragte ich, gleichzeitig überrascht und neugierig.

„Das ist in der That meine Ansicht," sagte Forest.

„Diese sonderbare Anschauung kann. ich mir nur dadurch erklären, daß Sie persönlich keine Kenntniß von den Zuständen haben, welche Ihnen so schätzens= werth erscheinen," rief ich aus.

„Ich muß natürlich zugeben, daß ich meine Be= lehrung aus unserer Bücherei geschöpft habe und daß Sie zur Unterstützung Ihrer Ansichten über die Civili= sation des neunzehnten Jahrhunderts Ihre persönliche Erfahrung geltend machen können," antwortete Forest. „Dagegen sind Sie wohl nicht so gut vertraut mit dem gegenwärtigen Stande der Dinge. Die Quelle Ihrer Kenntniß des zwanzigsten Jahrhunderts ist e i n Mann, Dr. Leete. Ich darf deshalb wohl behaupten, daß meine Nachrichten über die Civilisation Ihrer Tage besser sind, als Ihre Kenntniß unserer Zustände, weil ich mich auf mehr Zeugen berufen kann, als Sie."

„Dann werden Sie auch die Ansichten mißbilligen, welche ich in meinem Vortrage entwickelte."

„Ihre Vorlesung wird unzweifelhaft in allen Re= gierungs=Zeitungen veröffentlicht werden, also in fast jeder Zeitung des Landes," entgegnete Forest, eine un= mittelbare Antwort auf meine Frage vermeidend.

„Sie sprechen von Regierungs=Zeitungen," fragte ich erstaunt. „Hat die Regierung Zeitungen und braucht sie Organe?"

„Freilich hat die Regierung Zeitungen. Und es ist ebenso schwierig wie unangenehm, eine Zeitung herauszugeben, welche die Regierung tadelt oder bekämpft. Wir haben deshalb nur sehr wenige solcher Zeitungen."

„Aber Dr. Leete sagte mir doch: „Wir haben weder Parteien noch Politiker, und Demagogenthum und Corruption sind Worte, welche nur noch geschichtliche Bedeutung haben."*) Und nun sprechen Sie von Gegnern der Regierung sowie von Zeitungen der letzteren?" Ich sagte dies mit dem Ausdruck des Zweifels in Stimme und Blick, aber Herr Forest wurde dadurch nicht beirrt.

Er brach in ein lautes Gelächter aus und sagte dann: „Entschuldigen Sie, bitte, meine Heiterkeit; aber Dr. Leete ist ein großer Spaßmacher und er ist immer sicher, durch seine Scherze eine Versammlung zum Lachen zu zwingen! In der That! Das ist zu gut! Ich wünsche, ich hätte sein Gesicht sehen können, als er Ihnen diese Offenbarungen zu Theil werden ließ."

Und Forest lachte von Neuem, daß ihm die Thränen in die Augen traten.

„Ich bitte um Verzeihung, Herr West," fuhr Herr

---

*) Seite 60.

Forest fort, als ich seiner Heiterkeit mit Schweigen begegnete. „Aber Sie würden mich entschuldigen und wahrscheinlich in mein Gelächter einstimmen, wenn Sie Herrn Dr. Leete so gut kennen würden, wie ich und dann hörten, daß er von einem Mangel an Politikern gesprochen hat. Doch ich will gleich hier erklären," fügte Herr Forest in ruhigerem Tone hinzu, „daß ich keine geringe Meinung von Dr. Leete habe. Er ist ein etwas rücksichtsloser Spaßvogel und ein geriebener Politiker; im Uebrigen aber ein so guter Mann, wie unsere Zeit ihn nur hervorbringen kann."

„Dr. Leete ist ein Politiker?" fragte ich mit neuem Erstaunen.

„Allerdings. Dr. Leete ist der einflußreichste Führer der Regierungs-Partei in Boston. Seinem Einflusse bin ich es schuldig, daß ich immer noch mit der Universität in Verbindung stehe."

Forest nahm wahr, daß ich nicht wußte, wie ich diese Erklärung deuten solle und fügte daher hinzu: „Als ich beim Vergleich der Civilisation der zwei Jahrhunderte zu dem Schluß gelangte, daß der Communismus sich als ein Fehlschlag erwiesen habe, wurde ich als Verführer und Verderber der studirenden Jugend in Anklagestand versetzt. Das in solchen Fällen übliche Urtheil: „Einsperrung in ein Irrenhaus" wurde gefällt.

Denn nach Ansicht unserer Machthaber kann nur ein Irrsinniger sich gegen die beste gesellschaftliche Ordnung auflehnen, welche die Menschheit jemals hatte. Dr. Leete erklärte indeß, mein Irrsinn sei ein so harmloser, daß meine Einsperrung in ein Tollhaus überflüssig erscheine, zumal sie auch zu kostspielig sei. Ich könnte immer noch meinen Lebensunterhalt verdienen, indem ich im Universitäts-Gebäude leichte Arbeit verrichte. Dadurch würde ich den Professoren und Studenten als lebendige Warnung dienen, in ihren Aeußerungen und Lehren vorsichtig zu sein."

„Die Studenten scheinen Ihre Ansichten zu theilen; denn sie nahmen meine Auseinandersetzungen recht kühl auf," bemerkte ich, um der Unterredung eine andere Wendung zu geben und einer weiteren Besprechung der Eigenschaften meines Gastfreundes vorzubeugen.

Forest's durchdringende graue Augen blickten einen Augenblick forschend in die meinigen. Dann sagte er freundlich:

„Ich glaube, daß Sie Ihrer Ueberzeugung gemäß gesprochen haben, Herr West. Haben Sie aber nicht das Gefühl gehabt, daß Sie Ihrer Zeit und Ihren Zeitgenossen keine Gerechtigkeit widerfahren ließen? Machte es der Wettbewerb, die Concurrenz, denn wirklich nöthig, daß Jedermann seinen Nachbarn betrog,

seine Arbeiter auspreßte, seinen Schuldnern die Kehle
zuschnürte und anderen Leuten das Brod vom Munde
wegriß? Waren denn wirklich die meisten Menschen
Ihres Zeitalters Betrüger und Blutsauger? Waren
die Arbeiter sämmtlich Sclaven, welche tagtäglich arbei=
teten, bis sie gänzlich erschöpft waren? Ich weiß aus
Zeitschriften und Geschichtswerken recht wohl, daß die
Mitglieder großer Gewerkschaften in Ihren Tagen oft
die Arbeit einstellten, weil sie acht Stunden als ein
Tagewerk ansahen und daß sie sich weigerten, gegen
gute Bezahlung neun oder zehn Stunden zu arbeiten.
Danach hatten sie einen kräftigen, stolzen und unab=
hängigen Arbeiterstand, und es erscheint fast wie eine
Beleidigung, diese Leute als Sclaven zu bezeichnen.
Und was die Mädchen anbelangt, so habe ich Klagen
darüber gelesen, daß Hülfe für Hausfrauen zu Ihrer
Zeit nur schwer zu erlangen war und daß Köchinnen
und Stubenmädchen je nach ihrer Leistungsfähigkeit
von $2 bis $5 wöchentlich und Kost erhielten. Es lag
also für ein anständiges Mädchen keine Entschuldigung
vor, wenn sie sich „für Brod verkaufte." Allerdings
war die Civilisation Ihrer Tage weit davon entfernt
fehlerlos zu sein. In der That ist nichts auf Erden
vollkommen. Aber Ihre Schilderung der Civilisation
des neunzehnten Jahrhunderts war in so düsteren Far=

ben gehalten, daß unsere Studenten, welche mit der
Geschichte jener Tage nicht ganz unbekannt sind, sich
von Ihrer Vorlesung unmöglich konnten begeistern
lassen. Dies wäre auch schon deshalb schwierig gewe=
sen, weil viele dieser jungen Leute unsere jetzigen Ein=
richtungen durchaus nicht so unbedingt bewundern, wie
Sie. Ich spreche ganz offen, Herr West, und ich hoffe,
daß Sie meinen Freimuth entschuldigen werden. Ich
möchte Ihnen einen Dienst leisten, indem ich Ihnen
unsere Zustände, Einrichtungen und Menschen genau
so schildere, wie sie sind."

Der warme Ton seiner Stimme und der freund=
liche Blick seiner Augen veranlaßten mich beim Weg=
gehen Forest's Hand zu drücken; obschon Alles, was er
sagte, gegen meine Freunde und gegen meine eigenen
Ansichten gerichtet war und mich daher sehr peinlich be=
rührte. Ich ging in gedrückter Stimmung nach Hause,
in meinen Gedanken die Einwendungen erwägend,
welche Forest gegen meine Vorlesung erhoben hatte.

Ich traf Dr. Leete und die Damen beisammen.
Edith fragte mich, ob mein erstes Auftreten als Pro=
fessor sich meinen Erwartungen gemäß gestaltet habe.

Es war immer mein Grundsatz offen und ehrlich
zu sein. Ich theilte daher den Freunden meine Erleb=
nisse, den wesentlichen Inhalt meiner Vorlesung,

deren kühle Aufnahme und meine Enttäuschung mit.
Ich erwähnte auch Herrn Forest's kritische Be=
sprechung meiner Rede und gestand, daß sein abfälliges
Urtheil in so fern berechtigt gewesen wäre, als ich die
Auswüchse, welche der Wettbewerb bei einzelnen Leu=
ten meiner Zeit erzeugt hatte, der gesammten Mensch=
heit des neunzehnten Jahrhunderts zuschrieb. Die
Bemerkungen, welche Forest über Dr. Leete gemacht
hatte, erwähnte ich natürlich nicht.

Mein Bericht machte offenbar auf Dr. Leete kei=
nen unbedingt angenehmen Eindruck. Nach einer kur=
zen Pause sagte er: „Ich meine, daß die rücksichtslose
Concurrenz im letzten Theile des neunzehnten Jahr=
hunderts nothwendiger Weise das ganze Volk mehr
oder weniger verderben mußte, — in den meisten Fäl=
len mehr. Deshalb halte ich Ihre Vorlesung für eine
ausgezeichnete Darlegung leitender Grundsätze und ich
glaube nicht, daß Sie Veranlassung haben, auch nur
einen Zoll breit von dem Standpunkte zurückzuwei=
chen, den Sie eingenommen haben. Die kühle Auf=
nahme, welche Ihnen wurde, darf Sie nicht beirren.
Sie ist eine Folge der Forest'schen Lehrthätigkeit. Er
hat seine irrigen Ansichten in die Köpfe unserer Stu=
denten gesäet, seine blinde Verehrung für den Wettbe=
werb und seine Abneigung gegen die jetzige Ordnung

3

der Dinge. Es ist jetzt Ihre Aufgabe, die jungen Leute über den vergleichsweisen Werth der beiden Gesellschaftsordnungen aufzuklären. Herr Forest legt durch seine unabläſſigen Verſuche, die Studenten zu verleiten, unſerer Geduld ſchwere Proben auf. — Hat er Ihnen gegenüber den Umſtand nicht erwähnt, daß er Ihr Vorgänger war?"

„Er that es, nachdem ich ihn gefragt hatte, ob er ein Mitglied des Lehrer-Perſonals ſei. Er ſagte, daß er wegen „Ketzerei" entlaſſen wurde und daß er ſeine verhältnißmäßig milde Behandlung Ihrer Verwendung verdanke."

„Es iſt nicht Foreſt's Art, mit ſeinem Urtheil zurückzuhalten und ich darf demnach annehmen, daß er Ihnen eine nette Schilderung von Dr. Leete entworfen hat," ſagte mein Gaſtfreund lächelnd.

Unter den obwaltenden Umſtänden ſchien es mir am zweckmäßigſten, die Aeußerungen zu wiederholen, welche Foreſt über Dr. Leete gemacht hatte, zumal dieſelben nicht bösartig, ſondern eher ſchmeichelhaft für meinen Gaſtfreund waren. Ich kann wohl hinzufügen, daß ich einigermaßen neugierig war zu ſehen, was Dr. Leete zu der Behauptung des Herrn Foreſt ſagen würde, daß er ein Politiker und Führer der Regierungs-Partei wäre.

So sagte ich denn: „Herr Forest lachte herzlich, als ich Ihre Aeußerung wiederholte, daß Sie weder Parteien noch Politiker hätten. Er nannte Sie einen Spaßmacher, einen geriebenen Politiker, den Führer der Regierungs=Partei und einen braven Mann."

Ueber Dr. Leete's Züge flog ein etwas grimmiges Lächeln, als er antwortete: „Das ist ein Charakter= Zeugniß, auf welches ich eigentlich stolz sein sollte, da es von einem zum Krittler gewordenen Kritiker herrührt. Was Forest's Behauptung betrifft, daß ich ein Politiker sei, so habe ich darauf nur zu entgegnen, daß ich noch nie ein Amt bekleidete; und daß die Regierung mich in einzelnen Fällen zu Rathe zog, macht mich noch nicht zum Führer der Regierungs=Partei, denn diese Auszeich= nung wurde auch andern Bürgern häufig zu Theil. Politische Parteien haben wir nicht. Es giebt natürlich einige unverbesserliche Tabler, die, wie Forest, nie zufriedengestellt werden können, und einige radikale Krakehler. Ihnen wird aber wenig Beachtung geschenkt, so lange sie nicht den Frieden des Volkes stören. Thun sie dies, so senden wir sie in eine Heilanstalt, wo ihnen eine angemessene Behandlung zu Theil wird."

Obschon auch die letzten Worte im Tone leichter Unterhaltung gesprochen wurden, machten sie doch einen tiefen Eindruck auf mich. „Thun sie dies, so senden wir sie in eine Heilanstalt, wo ihnen eine angemessene Behandlung zu Theil wird." Bestätigte das nicht Forest's Behauptung, daß die Urtheile, welche über Gegner des Communismus gefällt würden, fast immer auf Einsperrung in eine Irrenanstalt lauteten?

Meine unangenehmen Gedanken wurden durch Edith's weiche Stimme unterbrochen: „Ich denke, lieber Vater," sagte sie, „Herr Forest ist ein eben so ehrenhafter wie wohlmeinender Mann und man sollte ihm gestatten, seine Meinungen zu äußern, selbst wenn diese irrig oder gar sonderbar sind. Die Studenten werden am Ende ohne Zweifel davon überzeugt werden, daß unsere Gesellschaftsordnung so gut ist, wie sie nur gestaltet werden kann. Außerdem ist es auch so unterhaltend, gelegentlich einmal eine andere Ansicht zu hören."

Mit dem Ausdruck väterlicher Liebe legte Dr. Leete seine rechte Hand auf Edith's reiches Haar und sagte: „Die Damen am Hofe Ludwig's XVI. von Frankreich fanden auch die Ansichten sehr unterhaltsam, welche die Revolution veranlaßten und vielen der „unterhaltenen" Damen und Herren ihre Köpfe unter der Guillotine kosteten. — Gedanken sind Feuerfunken, die leicht eine Feuersbrunst veranlassen können, wenn sie nicht überwacht werden."

Drittes Kapitel.

Ich hatte mich niemals viel mit Volkswirthschaft befaßt und es war mir demgemäß auch nie in den Sinn gekommen, wirthschaftliche Grundsätze auf ihren Werth zu prüfen. Ob Wettbewerb oder Gütergemeinschaft der Menschheit zuträglicher sei — diese Frage war mir noch nie in den Sinn gekommen. Als daher Dr. Leete in seiner ebenso bestimmten wie ansprechenden Weise erklärte, wie die Gesellschaft nach Beseitigung des Wettbewerbes geordnet wurde, hatte ich nicht einmal erkannt, daß diese Ordnung auf communistischen Grundsätzen ruhte. Ich meinte, die Menschheit hätte das tausendjährige Reich errungen und als Dr. Leete mir sagte, daß seine bequeme, ja von Ueberfluß zeugende Lebensweise die des gesammten Volkes im letzten Jahre des zwanzigsten Jahrhunderts sei, da zweifelte ich nicht, daß Jedermann mit der neuen Gesellschaftsordnung zufrieden sein müsse.

Meine kühle Aufnahme seitens der Studenten und meine Unterredung mit Herrn Forest hatten mich aber belehrt, daß nicht alle Bewohner der Vereinigten Staaten im zweitausendsten Jahre des Herrn die jetzige

Gesellschaftsordnung für das tausendjährige Reich hielten und ich muß bekennen, daß mich diese Wahrnehmung sehr schmerzlich berührte. Denn ein süßer Friede, eine nie vorher empfundene Ruhe waren in mein Herz gezogen, als Dr. Leete von der grenzenlosen Glückseligkeit erzählte, deren sich die Menschheit im zwanzigsten Jahrhundert erfreute.

Meine neue Stellung legte mir nun die Pflicht auf, mich eingehend mit volkswirthschaftlichen Fragen zu beschäftigen. Allerdings hätte ich einfach die gesellschaftlichen und politischen Zustände in den Ver. Staaten am Schlusse des vorigen Jahrhunderts schildern und vor jenem Hintergrunde die neue Ordnung der Dinge loben können; aber das würde mir selbst nicht genügt haben. Ich wollte selbst durch eingehende vergleichende Prüfung erforschen, welche von beiden wirthschaftlichen Richtungen den Vorzug verdiene. Deshalb pflegte ich meine Bekanntschaft mit Herrn Forest, um dessen Gründe gegen die von Dr. Leete vertretenen Lehren kennen zu lernen. Dieser Umgang mit Herrn Forest war insofern für mich kein angenehmer, als mich stets das Gefühl des Unbehagens bei dem Gedanken überkam, daß Forest's Anschauungen und Grundsätze sich als die richtigeren erweisen könnten. Denn ein Sieg der von Forest vertretenen Ansichten kam einer Um-

kehr zu einem Stande der Dinge gleich, welcher mir so
gründlich zuwider war, wegen der Sorgen und Unbe=
quemlichkeiten, die er im Gefolge hatte. Mir erschien
Dr. Leete's Staatswesen als ein Paradies, aus dem
Forest mich vertreiben wollte.

In meinen nächsten Vorlesungen beschränkte ich
mich auf eine genaue Schilderung des „Arbeitsmark=
tes" in Boston im Jahre 1887. Alle Uebertreibungen
sorgfältig vermeidend, zog ich aus den vorliegenden
Thatsachen nur unbestreitbare Schlußfolgerungen. Ich
zeigte, wie Kapital und Arbeit gleichmäßig unter den
zahlreichen Arbeitseinstellungen jener Tage gelitten
hatten und pries die jetzige Ordnung der Dinge, weil
sie solche unsinnigen wirthschaftlichen Kämpfe unmög=
lich mache.

Nach Beendigung meiner Vorlesungen unterhielt
ich mich stets mit Herrn Forest, welcher ebenso bereit=
willig war, über die neue Gesellschaftsordnung zu spre=
chen, wie Dr. Leete.

„Die Freunde der Regierung nennen mich einen
unverbesserlichen Krittler", sagte Forest, „und sie haben
Recht, obschon sie ihr Urtheil in etwas höflichere Worte
kleiden und sagen könnten, daß ich zur Prüfung aller
Dinge geneigt bin. Ich würde jede Regierung, unter
der zu leben mein Schicksal wäre, prüfen und mein Ur=

theil aussprechen; gleichviel, wie gut, oder wie schlecht die Regierung auch wäre. Ich hege keinen Groll gegen die Männer, welche die Ver. Staaten heut regieren. Ich gebe sogar zu, daß sie etwas mehr Klugheit, Thatkraft und Duldsamkeit zeigen, als die Mitglieder der Verwaltung, welche vor zwölf Jahren aus dem Amte schied. Es sind eben die leitenden Grundsätze, welche falsch sind und demgemäß müssen auch die Folgen schlecht sein, was immer die Regierung thun mag, die üblen Folgen eines schlechten Systems zu verkleistern."

„Sie meinen demnach, daß das jetzige System durchaus falsch ist?" fragte ich.

„Können Sie daran zweifeln?" antwortete Forest. „Blicken Sie um sich! Ist der leitende Grundsatz in der Schöpfung Gleichheit oder Verschiedenheit? Sie finden oft Aehnlichkeit, nie Gleichheit. Pflanzenkundige haben Tausende von Blättern gesammelt, die auf den ersten Blick ganz gleich erschienen; aber bei sorgfältiger Prüfung fanden sie ganz bestimmte Unterscheidungsmerkmale. Ungleichheit ist Naturgesetz und jeder Versuch, unbedingte Gleichheit herzustellen, ist demnach naturwidrig und unsinnig. Es haben deshalb auch alle derartigen Versuche sich als Fehlschläge erwiesen. Selbst als einige der ersten Christen, von Nächstenliebe geleitet, die Gütergemeinschaft unter sich einführten, war das naturwidrige Unternehmen nicht von Bestand. Selbst der selige Procrustes konnte mit einer Bettstelle für Alle sein Geschäft nicht betreiben; er brauchte deren zwei, für die langen und für die kurzen Opfer, welche ihm in die Hände fielen.

„Wir könnten eben so wohl anordnen, daß künftighin alle Männer sechs Fuß lang sein, 42 Zoll um die Brust messen, eine griechische Nase, blaue Augen, blonde Haare und eine Tenorstimme haben müssen, wie wir versuchen können, alles Leben in einem communistischen Gemeinwesen in eine Gleichheits-Zwangsjacke zu stecken, in der Erwartung, daß die Menschheit sich da wohl fühlen solle. — Berücksichtigen wir doch nur in Verbindung mit der Verschiedenartigkeit der geistigen und körperlichen Anlagen die Verschiedenheit der Neigung und des Geschmackes, die Mannigfaltigkeit der Berufsthätigkeit und beantworten wir uns dann die Frage, ob die Begründung einer Gesellschaftsordnung auf der Grundlage unbedingter Gleichheit dauern kann."

„Wenn ich mir eine richtige Ansicht von der Gliederung Ihrer Gesellschaft gebildet habe", wandte ich hier ein, „so haben Sie das Anrecht aller Menschen auf einen Lebensunterhalt anerkannt, indem Sie Jedermann einen gleichen Antheil an den Arbeitserzeug-

niſſen zugeſtanden; aber Sie haben auch Jedermann
die Gelegenheit geboten, einen ihm zuſagenden Beruf zu
wählen. Sie haben ferner die zu einer Zunft gehöri=
gen Arbeiter in Abtheilungen und Grade getheilt, um
den Ehrgeiz der Arbeiter nach Erreichung eines höhe=
ren Grades anzuregen und Sie haben ſo eine Verſchie=
denartigkeit der Stellungen geſchaffen, welche der Un=
gleichheit der Menſchen entſpricht, die Sie vorhin her=
vorhoben.“

„So iſt es“, ſagte Foreſt. „Wir haben zuerſt den
Grundſatz der Gleichheit feſtgeſtellt und alsdann unſere
Geſellſchaft auf der Grundlage der Ungleichheit geglie=
dert, wodurch wir die ausdrückliche Anerkennung der
Thatſache vermieden, daß die neue Geſellſchaftsordnung
in der Lehre wie in der Wirklichkeit eine Fehlgeburt iſt.
Die Frage, welche uns vorliegt, iſt eine ſehr einfache:
„Sind wir alle einander gleich?“ Wenn
wir es ſind, dann iſt der Communismus die allein rich=
tige Geſellſchaftsform und Jedermann ſollte alsdann
einen gleichen Antheil von den Erzeugniſſen der ge=
meinſchaftlichen Arbeit erhalten. Sind wir nicht alle
einander gleich, ſind wir verſchieden von einander an
geiſtigen und körperlichen Fähigkeiten, ſind die Arbeits=
ergebniſſe ungleich, dann liegt auch kein vernünftiger
Grund vor, weshalb die Arbeitserzeugniſſe gleichmäßig

vertheilt werden sollten. Wir aber verkündigen erst
den Grundsatz der Gleichheit und behaupten, daß wir
besagter Gleichheit wegen die' Arbeitserzeugnisse gleich=
mäßig vertheilen; — und dann theilen wir die sämmt=
lichen „Arbeiter in den ersten, zweiten und dritten
Grad gemäß ihrer Befähigung und diese Grade sind
noch einmal in erste und zweite Abtheilungen ge=
theilt."*) Hier sehen wir also, daß die Arbeiter in
sechs Abtheilungen gegliedert werden und zwar aus
dem ausdrücklich angeführten Grunde: weil ihre Be=
fähigung eine v e r s c h i e d e n e ist. Daß ihr Fleiß
ebenfalls ungleich ist, wird nicht ausdrücklich zugestan=
den, ist aber nichtsdestoweniger eine Thatsache. Die
U n g l e i c h h e i t der Menschen wird also a u s d r ü ck=
l i ch anerkannt; aber die Arbeitsergebnisse werden im
Namen der G l e i c h h e i t g l e i c h m ä ß i g v e r=
t h e i l t!

„Nun hat ohne Zweifel", fuhr Forest mit großem
Nachdruck fort, „Jedermann ein natürliches Recht auf
die Früchte seiner Thätigkeit. Wir nehmen aber dem
tüchtigen Arbeiter des ersten Grades einen Theil seiner
Arbeitserzeugnisse fort, um sie einem faulen Kerl aus
der sechsten Abtheilung zu geben. Das ist natürlich
offenbare R ä u b e r e i, die sich nicht einmal unter dem

*) Seite 125.

schäbigen Mäntelchen eines „Regierungs-Grundsatzes" verbirgt; denn durch die Eintheilung der Arbeiter in sechs Abtheilungen wegen verschiedener Befähigung erkennen wir ja ausdrücklich an, daß es mit der Gleichheit „nichts ist!" — Dennoch werden alle Diejenigen, welche diese Beraubung der Fleißigen zu Gunsten der Faulen nicht als Handlung höchster Staatsweisheit bewundern mögen, als Feinde der besten Gesellschaftsordnung verdammt, von welcher die Geschichte der Menschheit uns meldet."

„Sie sind bis zu einem gewissen Grade ein Vertheidiger der Civilisation des neunzehnten Jahrhunderts", antwortete ich. „Nun wurden aber zu unserer Zeit von manchen Wortführern der Arbeiter die Arbeitgeber „Lohndiebe" gehießen, d. h. sie wurden beschuldigt, sie hätten einen zu großen Antheil von dem für die Arbeitserzeugnisse vereinnahmten Gelde für sich behalten und den Arbeitern zu geringen Lohn gegeben. Mir erscheint die gleiche Vertheilung alles Eigenthums viel empfehlenswerther, als eine Vertheilungsart, bei welcher eine vergleichsweise kleine Anzahl von Arbeitgebern sich auf Kosten der Masse des arbeitenden Volkes bereichern konnte."

„Ich bin kein Vertheidiger der Civilisation des neunzehnten Jahrhunderts", rief Forest. „Ich be-

haupte nur, daß der Wettbewerb, unter welchem
die Menschheit vor hundert Jahren arbeitete, dem
Communismus, unter welchem wir jetzt arbeiten,
weit überlegen ist. Der ungerechte Gewinn der
Arbeitgeber, von welchem Sie sprechen, hätte leicht
abgeschafft werden können, wenn Ihre Arbeiter sich zu
Theilhaber= oder Genossenschaften vereinigt hätten.
Vor 100 Jahren gab es kein Gesetz, welches ein Dutzend
Schuhmacher hätte hindern können, sich einen Flur mit
Dampfkraft zu miethen, etliche Näh= und sonstige Ma=
schinen zu kaufen und Schuhzeug für eigne Rechnung
und Gefahr zu machen. Und es gab kein Gesetz, wel=
ches alle anderen Arbeiter hätte hindern können, ihr
Schuhzeug nur in solchen Genossenschafts=Werkstätten
zu kaufen. Wäre dies geschehen, so hätten die Genos=
sen die Gewinne des Fabrikanten, des Großhändlers,
des Kleinhändlers und des Arbeiters erhalten, d. h.
allen Gewinn, der überhaupt in der Arbeit steckte. Die
Arbeiter aller Geschäftszweige hätten sich allmälig zu
Genossenschaften vereinigen können, so Arbeitgeber und
Arbeiter in einer Person darstellend.—Wenn die Arbei=
ter es vorzogen, von diesem Recht und von dieser Ge=
legenheit keinen Gebrauch zu machen; wenn ihnen nicht
daran lag, die Sorgen und das Wagniß einer selbst=
ständigen Geschäftsführung auf sich zu nehmen; wenn

sie lieber für einen Arbeitgeber thätig waren, diesem die
Sorgen und das Wagniß der Geschäftsleitung über=
lassend; dann hatten sie auch kein Recht, über den Ge=
winn des Unternehmers zu klagen, der ihnen ja zu=
gänglich war.

„Und wenn die Arbeiter Ihrer Zeit mit ihrem
Lohn oder der Behandlung unzufrieden waren, so konn=
ten sie sich andere Beschäftigung suchen, was unsere
Arbeiter nicht können, weil der Staat der einzige Arbeit=
geber ist. Der Grundsatz, daß Jedermann ein gutes
Recht auf das hat, was er hervorbringt, ist unter Ihrer
Arbeitsweise nie in Frage gestellt worden. Aber wir
haben im Namen der Gleichheit und Gerechtigkeit das
„Recht" aufgestellt, den Fleißigen zu Gunsten des Fau=
len zu berauben. Wenn die Arbeiter des neunzehnten
Jahrhunderts, anstatt an Arbeitseinstellungen Riesen=
summen zu opfern, einen Arbeitszweig nach dem andern
auf genossenschaftlicher Grundlage eingerichtet hätten,
würden sie mit verhältnißmäßig geringen Schwierigkei=
ten das gelöst haben, was sie die soziale Frage nann=
ten.—Uns aber würden sie dadurch bewahrt haben vor
der abscheulichen Form, in welcher die Gesellschaft jetzt
gegliedert ist und verwaltet wird."

„Die Arbeitseinstellungen waren allein die Folge
der Kapital=Ansammlungen in Beträgen, wie sie früher

unbekannt waren," sagte ich, die Ansichten des Dr. Leete betreffs dieser Frage wiedergebend. „Bevor diese Ansammlung begann, besaß der einzelne Arbeiter in seinen Beziehungen zum Arbeitgeber eine gewisse Bedeutung und Unabhängigkeit. Ferner genügten damals geringe Geldmittel oder ein neuer, gescheuter Gedanke, um Jemanden zum selbständigen Geschäftsmanne zu machen. Aus Arbeitern wurden beständig Arbeitgeber und es gab keine feste, schwer übersteigbare Grenze zwischen beiden Gruppen. Arbeiter-Vereinigungen waren überflüssig und große Arbeitseinstellungen konnten nicht vorkommen."*)

„An Ihrer Stelle, Herr West, würde ich diese Aussprüche des Dr. Leete nicht zu meinen eignen machen," sagte Forest lächelnd. „Der Doctor hat häufig Gelegenheit gehabt, sich betreffs dieser Angelegenheit eines Besseren belehren zu lassen; aber er besteht darauf, seine irrigen Behauptungen zu wiederholen. Ich und Andere haben diese Auseinandersetzungen so oft widerlegt, daß es uns schließlich langweilig wurde. „Streiks" sind nicht, wie Dr. Leete zu glauben vorgiebt, verhältnißmäßig neue Erscheinungen auf volkswirthschaftlichem Gebiete. Eine der größten Arbeitseinstellungen, von welchen die Geschichte uns berichtet, die „Secessio

---

*) Seite 52.

in montem sacrum," fand schon 494 vor Christi
Geburt statt und während der Jahrhunderte des
Mittelalters waren Arbeitseinstellungen zur Erlangung
höherer Löhne sehr häufig; obschon in jenen Tagen die
Arbeit viel besser zusammengegliedert war (in Gilden
und Zünfte) als die Geldmacht. Und was die
Unmöglichkeit der Arbeiter angeht, Arbeitgeber zu
werden, so kann ich Ihnen in der Universitäts-Bücherei
eine deutsche Zeitung zeigen, die „Freie Presse", welche
im Jahre 1888 in Chicago erschien und in welcher der
Redacteur, bei Widerlegung ähnlicher Behauptungen
der Communisten jener Tage, auf die Thatsache verweist,
daß im Jahre 1888 in Chicago 12,000 Deutsch=
Amerikaner wohnten, welche entweder Hausbesitzer,
oder Fabrikanten, oder sonst selbständige Geschäftsleute
waren. Alle diese Leute waren unbemittelt, meist der
englischen Sprache unkundig, nach Chicago gekommen
und dort zu Wohlstand, ja viele zu Reichthum gelangt.
Dies widerlegt die Behauptung, daß die Unbemittelten
sich in der zweiten Hälfte des neunzehnten Jahrhunderts
bereits rettungslos in den Krallen der Geldmächte
befunden hätten. — Nichts ist leichter, als in's Blaue
hinein Behauptungen aufzustellen. Diese Behauptungen
zu beweisen, ist oft schwer. Und Dr. Leete ist groß in
solch wilden Angaben."

„Führen Sie aber nicht ein höchst angenehmes Leben?" fragte ich in der Hoffnung, Forest's Angriffen auf die neue Ordnung der Dinge ein Ende zu machen, indem ich auf einige unbestreitbare Thatsachen verwies. „Erfreuen Sie sich nicht eines nie dagewesenen Wohlstandes? Haben Sie nicht die Armuth gänzlich ausgerottet? Und sind nicht diese Errungenschaften kleine Opfer werth?"

„Wir führen kein höchst angenehmes Leben. Wir erfreuen uns nicht eines nie dagewesenen Wohlstandes. Sie werden sehr bald entdecken, daß Sie sowohl die Art, wie die Früchte unserer Civilisation bedeutend überschätzen. Und was die Vernichtung der Armuth anlangt, so läuft diese „Errungenschaft" im Wesentlichen darauf hinaus, daß wir die ungeschickten, dummen und faulen Leute mit den Arbeitsergebnissen der geschickten und fleißigen Frauen und Männer bereichern. Das hätten Sie vor 113 Jahren auch leisten können, aber Sie waren nicht so einfältig und ungerecht, eine derartige Räuberei zu begehen."

„Wenn das Volk mit der jetzigen Gesellschaftsordnung unzufrieden ist, so kann es ja eine Aenderung vornehmen," entgegnete ich. „Ihren Aeußerungen zufolge bilden die Gegner der Regierung keine Partei, die irgend welche Bedeutung hat; denn Sie sagten mir,

daß es nur einige Zeitungen giebt, welche die Regie=
rung bekämpfen. Dies scheint mir ein Beweis dafür
zu sein, daß das Volk im Wesentlichen mit der jetzigen
Ordnung der Dinge zufrieden ist."

Forest sah sehr ernst drein als er antwortete: „Sie
sind natürlich der Meinung, daß wir uns derselben
Freiheit erfreuen, welche Sie vor 113 Jahren genossen.
Aber im politischen Leben ist seit jener Zeit Alles
anders geworden. Ihre Bürger waren von der Re=
gierung ganz unabhängig, die Beamten und solche
Leute vielleicht ausgenommen, welche gerade Arbeiten
für die Regierung ausführten. Heut greift die Regie=
rung in Alles ein und fast Jedermann ist mittelbar
oder unmittelbar von der Gunst der höheren Beamten
mehr oder weniger abhängig. Wer es wagt, die Regie=
rung offen zu bekämpfen, der kann sicher sein, daß ihn,
seine Verwandten und seine Freunde der Zorn des
Beamtenthums trifft. Deshalb ist die Zahl Derjenigen
sehr klein, welche kühn genug sind, den Grimm der Re=
gierung offen herauszufordern, obschon Vielen die jetzige
Ordnung der Dinge entschieden mißfällt."

„Weshalb wählt das Volk dann nicht Leute in
den Congreß, welche die jetzige angeblich so unbefrie=
digende Ordnung der Dinge durch den Erlaß neuer
Gesetze ändern?" fragte ich, überzeugt, daß Forest in

seiner Krittelwuth die dunklen Farben allzu dick aufge=
tragen hatte.

„Der Congreß hat heutzutage wenig Einfluß,"
entgegnete Forest. „Die Macht liegt fast ausschließlich
in den Händen des Präsidenten und der Vorsteher der
zehn großen Abtheilungen. Sie haben fast eine un=
umschränkte Gewalt, die etwas an die Macht des
Zehner=Rathes erinnert, welcher in Venedig zu der
Zeit herrschte, als diese aristokratische Republik auf
dem Gipfel ihres Ansehens stand. Da es in ihrer
Willkür liegt, jeder Person auf die Dauer von
24 Jahren gute oder schlechte Stellungen anzuweisen,
ja selbst Leute von mehr als 45 Jahren wieder in das
Arbeiter=Heer zu stellen und auf diese Weise Mißliebige
wieder unter ihre Gewalt zu bekommen, so haben un=
sere hohen Regierungsbeamten eine Tyrannen=Macht,
von der auch nur zu träumen keinem Fürsten Ihrer Zeit
eingefallen wäre."

„Sie wissen natürlich," fuhr Herr Forest fort,
„daß alle Rekruten während der ersten drei Jahre
ihrer Dienstzeit in die Reihe der gewöhnlichen Arbeiter
gestellt werden. Erst nach dieser Zeit, während welcher
sie jede Arbeit verrichten müssen, die ihre Vorgesetzten
ihnen zuertheilen, dürfen die jungen Leute des Landes
sich einen Beruf wählen."*) Sie werden einsehen, daß

---

*) Seite 70.

die jungen Leute während dieser drei Jahre der Gnade oder Ungnade ihrer Vorgesetzten preisgegeben sind. Diese können einem Rekruten leichte und reinliche Arbeit zuweisen, sie können ihn aber auch an schmutzige, ungesunde Beschäftigung schicken. Widerspruch wird nicht geduldet. Denn „Jemand, der arbeitsfähig ist und die Arbeit verweigert, wird zur Einzelhaft bei Wasser und Brot verurtheilt, bis er sich unterwirft."*)

„Sie wissen ferner, daß „Zeugniß über Betragen und Leistungen jedes Arbeiters geführt wird und daß Tüchtigkeit gebührende Auszeichnung erhält, während Nachlässigkeit entsprechende Strafen zuzieht." Dr. Leete hat Ihnen auch ohne Zweifel gesagt, daß wir jugendlichen Leichtsinn, wenn er nicht zu verbrecherischen Handlungen führt, als kein Hinderniß für eine ehrenvolle Laufbahn ansehen. Alle, welche ihre Rekrutenzeit durchlebt haben, ohne sich einer wirklich schimpflichen Handlung schuldig zu machen, haben das gleiche Recht, sich einen Lebensberuf zu wählen, der ihnen am wünschenswerthesten erscheint. . . . . Nun werden aber nicht nur Sitten= und Befähigungszeugnisse sorgfältig geführt und hervorragende Tüchtigkeit entsprechend ausgezeichnet; jene Zeugnisse bestimmen auch die Stellung, welche der Lehrling nach seinem Eintritt in die Reihen der wirklichen Arbeiter einzunehmen hat. . . . †)   Die

---

*) Seite 128. †) Seite 124.

innere Gliederung der gewerklichen und landwirthschaft-
lichen Berufszweige ist natürlich ihrem Wesen nach ver-
schieden; darin aber gleichen sie einander, daß sie ihre
Arbeiter je nach ihrer Befähigung in den ersten,
zweiten und dritten Grad theilen und diese Grade sind
in vielen Fällen wieder in eine erste und in eine zweite
Abtheilung gegliedert. Je nach seiner Führung als
Lehrling wird der junge Mann als Arbeiter ersten,
zweiten oder dritten Grades eingereiht. Neueinthei-
lungen in Grade finden in regelmäßigen Zwischenräu-
men statt. .... Einer der bemerkenswerthesten Vortheile, welche ein hoher Grad gewährt, ist das Vorrecht
der Auswahl derjenigen Stellung in einem Berufszweige, welche ihm am meisten zusagt." *) .... Dr.
Leete hat Sie fernerhin wohl davon unterrichtet, „daß
so weit wie möglich die Wünsche auch der schlechtesten
Arbeiter bezüglich ihrer Berufswahl berücksichtigt werden.... Während aber das Verlangen auch des Arbeiters des untersten Grades thunlichst beachtet wird, so-
weit der öffentliche Dienst das gestattet, so kann das doch
erst geschehen, nachdem die Arbeiter des ersten und zweiten Grades versorgt worden sind. Oft muß daher der
Arbeiter des dritten Grades eine zweite oder dritte
Wahl treffen, oder selbst mit einer willkürlichen Anwei-

---

*) Seite 125.

sung eines Postens vorlieb nehmen, wo gerade Hülfe
gebraucht wird.   Dieses Vorrecht der Stellungswahl
ist mit jeder Neueintheilung der Arbeiter verbunden
und wenn ein Mann „seinen Grad verliert," so muß er
unter Umständen eine Stellung, welche ihm am besten
zusagt, mit einer andern vertauschen, welche weniger
nach seinem Geschmack ist.... Hohe Stellungen im
Staate sind nur Arbeitern aus dem höchsten Grade zu=
gänglich." *)

„Diese Bestimmungen beweisen die Richtigkeit
dessen, was ich über die Gewalt der Regierung sagte.
Die Lieutenants, die Hauptleute und die Obersten wer=
den von den Zunft=Generalen ernannt, welche wiederum
unter dem Befehl der zehn Vorsteher der zehn großen
Abtheilungen stehen.   Diese Beamten können ihren
jungen Freunden, welche als Rekruten in das Arbeiter=
Heer treten, leichte Arbeit und gute Zeugnisse geben
und sie können diese jungen Freunde in den Stand
setzen, auf Grund ihrer guten Zeugnisse, sobald sie die
ersten drei Jahre ihrer Dienstzeit zurückgelegt haben,
sofort in die erste Abtheilung des ersten Grades einer
Zunft zu treten.   Und ein solcher Günstling einfluß=
reicher Leute kann, nachdem er eine angenehme Rekrutenzeit verbracht hat und sofort in die erste Abtheilung

*) Seiten 125 und 126.

des erſten Grades einer Zunft befördert worden iſt,
alsbald zum Lieutenant ernannt werden und die Lauf=
bahn zu den höchſten Ehren in wenigen Jahren durch=
machen. — Sie können nicht leugnen, Herr West, daß
unſere geſetzlichen Beſtimmungen eine ſolche Günſt=
lingswirthſchaft ermöglichen.“

Ich mußte zugeben, daß ſolche Vorkommniſſe mög=
lich wären.

Herr Foreſt fuhr fort: „Andererſeits können ſolche
jungen Leute, welche nicht die Söhne oder Freunde un=
ſerer Regierungs=Lichter ſind, ſich ſehr glücklich ſchätzen,
wenn ſie in einer Stellung des zweiten Grades mit
einem Zeugniß unterkommen, welches die Hoffnung auf
weitere Beförderung nicht ausſchließt. Verwandte von
ausgeſprochenen Gegnern der Regierung können in die
zweiten Abtheilungen der dritten Grade der verſchiede=
nen Zünfte geſtellt und ihre Zeugniſſe können ſo geführt
werden, daß alle Hoffnung auf Erlangung einer höhe=
ren Stellung ausgeſchloſſen iſt. Und ſolche Günſtlings=
wirthſchaft iſt nicht nur möglich, ſie beſteht in vollem
Umfange. Die Söhne und Verwandten von Leuten,
welche als Gegner der Regierung bekannt ſind, führen
ein Daſein, ſchlechter als das von Sklaven und werden
oft wie Fußbälle behandelt.“

„Giebt es keinen Gerichtshof, vor welchem ſie
Klage führen können?“ fragte ich.

„Ja. Ungerecht behandelte Frauen oder Männer können vor einem Richter Klage führen," antwortete Herr Forest. „Aber die Richter niederen Grades sind einfach Leute, welche das fünfundvierzigste Lebensjahr zurückgelegt haben und vom Präsidenten auf fünf Jahre zu Richtern ernannt worden sind. Diese entscheiden, wie Dr. Leete Ihnen mitgetheilt haben wird, in allen Fällen, in welchen ein Mitglied des Arbeiter=Heeres gegen einen Vorgesetzten Klage wegen Ungerechtigkeit führt. Alle solche Fragen werden von einem einzelnen Richter e n d g ü l t i g entschieden; drei Richter werden nur in besonders schweren Fällen berufen. Denn ein tüchtiger Betrieb der Industrie ist nur möglich, wenn im Arbeiter=Heere die stricteste Disciplin aufrecht erhalten wird."*)—Die vom Präsidenten zu Richtern ernannten Leute sind natürlich Vertrauensmänner und Freunde der Regierung und man kann von ihnen nicht erwarten, daß sie bei solchen Klagen gegen die Beamten der Re= gierung und zu Gunsten eines „Widersetzlichen" ent= scheiden sollten. Und da solche Beschwerden endgültig entschieden werden, ohne daß dem Kläger das Recht zu= steht, vor einem höheren Gerichtshofe Berufung einzu= legen, so bleibt dem ungerecht behandelten Mitgliede des Arbeiter=Heeres nichts weiter übrig, als auf seinen

---

*) Seite 206.

alten Posten zurückzukehren, wo sein Vorgesetzter, gegen den es geklagt hat, es natürlich nicht besser behandelt als zuvor. Im Gegentheile muß der „Widersetzliche" es in den meisten Fällen schwer entgelten, daß er gegen einen Offizier Klage geführt hat. Bei der nächsten Neueintheilung in Abtheilungen und Grade kann der Offizier den unglücklichen Menschen in die zweite Ab= theilung des dritten Grades stecken, wenn er nicht schon dahin degradirt war. Jedenfalls kann der erzürnte Offizier dem Mißvergnügten die schmutzigste, ungesun= deste Arbeit zutheilen."

Dieses von Forest entworfene Bild der Zustände im Arbeiter=Heere erschien mir um so entsetzlicher, wenn ich es mit den rosenfarbenen Schilderungen des Dr. Leete verglich. Ich war davon so erschüttert, daß ich mich zu einem Versuch nicht aufraffen konnte, gegen die Schilderungen und Schlüsse meines Vorgängers in der Professur anzukämpfen.

Nach einer kurzen Pause fuhr der jetzige Pedell fort: „Nun erwägen Sie in Verbindung mit den Thatsachen und Einrichtungen, die ich eben erwähnt habe, „daß die Arbeiter kein Stimmrecht ausüben und bei der Wahl ihrer Vorgesetzten nicht mitreden dürfen."*)
„Der Zunft=General ernennt alle im Range unter ihm

*) Seite 277.

stehenden Offiziere; er selbst aber wird nicht ernannt,
sondern aus der Reihe der Obersten von den Ehren=
mitgliedern der Gilde gewählt, d. h. von denjenigen,
welche in der Zunft gedient und ihre Entlassung erhalten
haben."*) So, mein lieber Herr West, sind also die
Angehörigen des Arbeiter=Heeres 24 Jahre lang der
Gnade oder Ungnade ihrer Vorgesetzten gänzlich
preisgegeben. Wenn sie während dieser Zeit leichten
Dienst haben wollen, müssen sie allen Befehlen blind=
lings gehorchen und mit allen ihnen zu Gebote stehenden
Mitteln nach Gunst streben. Sie müssen ihre stimm=
berechtigten Freunde beeinflussen, damit diese nicht nur
für die Regierung stimmen, sondern das auch in möglichst
demonstrativer Weise thun. Gelegentliche Geschenke
von Wein und Cigarren erregen bei manchen Offizieren
freundschaftliche Gefühle. Verabsäumt das Mitglied
des Arbeiter=Heeres alle diese Schritte und Maßregeln,
so kann es, unter Umständen, vierundzwanzig
Jahre lang ein Leben führen, mit welchem verglichen
das Schicksal eines Plantagen=Sclaven oder eines
Kohlengräbers vor 150 Jahren als beneidenswerthes
Dasein erscheinen muß. Denn ein Plantagen=Neger
stellte für seinen Eigenthümer einen werthvollen Besitz
dar, der nicht leichtsinnig gefährdet werden durfte,

---

*) Seite 189.

während der Kohlengräber seine Arbeit aufgeben und
sich anderswo Beschäftigung suchen konnte, wenn ihm
seine Arbeit oder die ihm widerfahrene Behandlung
nicht behagten. Ein Mitglied des Arbeiter=Heeres
dagegen, welches sich den Zorn des einen oder des
andern Offiziers zugezogen hat, oder welches auf die
Liste der Feinde der Gesellschaft gesetzt worden ist, weil
seine stimmfähigen Verwandten gegen die Regierung
gestimmt haben, — ein solches Mitglied der „industriel=
len Armee" führt ein Leben, welches man sehr wohl
„vierundzwanzig Jahre der Hölle auf Erden" nennen
darf.

„Sie ersehen hieraus, Herr West, weshalb der
Congreß keinen Einfluß hat. Die große Mehrzahl
seiner Mitglieder ist beständig bemüht, für sich selbst,
für Verwandte und für Freunde Gunstbezeugungen
dadurch zu erlangen, daß sie der Regierung in jeder
Weise entgegenkommen. Und dies ist die Gleichheit
der besten Gesellschafts=Ordnung, deren die Menschheit
sich jemals erfreute! Dies ist, was Dr. Leete das
tausendjährige Reich menschlicher Glückseligkeit nennt."

Viertes Kapitel.

„Es steht durchaus im Einklange mit den Natur=
gesetzen und ist deshalb recht," begann Forest unsere
nächste Unterredung, „daß ein Mann seinem Sohne,
seinen Verwandten und seinen Freunden beisteht und
ihnen im Leben vorwärts hilft. Einen Mann, der das
thut, würde ich nie tadeln; sondern im Gegentheile
Diejenigen, welche das unterlassen, was ich für die
Pflicht jedes Mannes halte. Selbstverständlich müssen
aber der Sohn, die Verwandten oder die Freunde be=
fähigt sein, die Stellungen auszufüllen, für welche sie in
Vorschlag gebracht werden. — Ich entsinne mich, daß
einige Geschichtsschreiber über die Günstlingswirthschaft
geschrieben haben, welche zu Ihrer Zeit bei der Verge=
bung von Bundesämtern geherrscht haben soll und daß
besonders General Grant beschuldigt wurde, alle Zeit
seine Verwandten und Freunde bei Anstellungen bevor=
zugt zu haben. Das aber gefällt mir gerade an dem
großen Feldherrn, daß er an seinen Freunden so uner=
schütterlich festhielt und ich entschuldige deshalb um so
lieber die Mißgriffe, die er mitunter bei der Auswahl
der Beamten machte. Denn diese Mißgriffe wurden

veranlaßt durch sein gutes Herz, das seinen Freunden
immer treu und mitunter geneigt war, deren Befähigung
und Ehrenhaftigkeit zu überschätzen. Wenn die Bande
des Blutes und der Freundschaft nicht mehr zusammen=
halten, worauf sollen wir dann noch vertrauen? Und
da Jedermann naturgemäß die Gesinnung und die Be=
fähigung seiner Verwandten und Freunde besser kennen
muß, als die Eigenschaften anderer Leute, so ist es ganz
in der Ordnung, daß er die ihm nahe Stehenden, deren
Befähigung er kennt, zunächst anstellt.

„Einer der vielen großen Schäden, an welchen
unser öffentliches und gewerbliches Leben krankt, ist der
Umstand, daß unter ihm nicht nur die Günstlings=
Wirthschaft, sondern auch die Corruption im größten
Umfange wuchern m u ß. Vor hundertunddreizehn
Jahren konnten die Männer, welche an der Spitze der
Ver. Staaten standen, oder Solche, die in den nächsten
Regierungskreisen Einfluß hatten, mitunter nach Will=
kür Stellungen besetzen, in welchen für wenig Arbeit
ein gutes Gehalt bezahlt wurde; aber solcher Aemter
gab es nur verhältnißmäßig wenige. Die Zahl der von
der Bundesregierung angestellten Beamten betrug,
wenn ich nicht irre, nur etwa 80,000 und die Mehrzahl
dieser 80,000 Aemter bestand aus kleinen Postmeister=
Stellungen. Diese Postmeister in kleinen Dörfern und

Landbezirken erhielten gar kein Gehalt, sondern einen
Theil des Geldes, welches sie für verkaufte Briefmarken
einnahmen und dieses Einkommen war ein so bettelhaf=
tes, daß nur Kaufleute, welche ohnehin den Tag über
in ihren Läden zubrachten und die „Ehre“ nebst dem
kleinen Gewinn so nebenbei mitnahmen, ein solches
Bundes=Amt annehmen konnten. Dazu kam, daß die
verhältnißmäßig geringe Anzahl solcher Bundes=Aem=
ter, welche als „Sinecuren“ bezeichnet werden konnten,
alle vier oder spätestens alle acht Jahre neu besetzt wur=
den. Unsere Regierungen haben aber ein längeres
Leben. Diejenige, welche zuletzt abwirthschaftete, hat
sechsundzwanzig Jahre gedauert. Und die Zahl der
Stellungen, welche unsere Regierung zu vergeben hat,
ist sehr groß. Für je zwölf Frauen oder Männer
haben wir einen Aufseher oder Lieutenant; von den
Hauptleuten, Obersten u. s. w. gar nicht zu reden.
Und was wir gar auf dem Gebiete der Schreiberei lei=
sten, ist einfach ungeheuerlich. Wie Sie vermuthlich
wissen, führen wir sowohl in der Arbeits= wie in den
Vertheilungs=Abtheilungen Buch; ja noch mehr: jeder
Bewohner und jede Bewohnerin der Ver. Staaten hat
in den Regierungs=Büchern ein Soll und ein Haben!*)
 „Angesichts unserer großen und beständig wachsen=

---

*) Seite 87.

ben Bevölkerung ist das, wie Sie wohl einsehen wer=
ben, eine Riesenarbeit. Sie wissen ja, daß das nord=
amerikanische Gebiet, welches früher unter englischer
Regierung stand, mit den Ver. Staaten vereinigt wurde
und daß unsere Bevölkerung sich nach der Zählung von
1990 auf 414,000,000 belief. Sie wird jetzt auf
500,000,000 Menschen geschätzt.*)

"Die ungeheuer umständliche Buchführung, welche
durch den Communismus nothwendig gemacht wird und
die Kürze der Arbeitszeit, welche die Buchhalterinnen
und Buchhalter als Günstlinge der Parteiführer ge=
nießen, machen es nothwendig, daß für je 50 Menschen
ein Buchhalter angestellt wird. Unter der letzten Re=
gierung hatten wir sogar für je 42 Einwohner einen
Rechenkünstler. Dies giebt der Regierung Gelegen=
heit, nach eigener Willkür 10,000,000 Frauen und Män=
nern reinliche und bequeme Arbeit zuzuertheilen. Zu
diesen 10,000,000 guten Stellungen müssen Sie noch
etwa eben so viele Offiziers=Posten im Arbeiter=Heere

---

*) Die erste amtliche Zählung in den Ver. Staaten wurde 1790 vor=
genommen; man zählte 3,929,314 Einwohner. Im Jahre 1880 belief sich
die Bevölkerung auf 50,155,738 und 1890 wird sie auf über 65,000,000 Seelen
geschätzt. In hundert Jahren hat sie sich versechzehnfacht. Sollte der
Zuwachs in gleichem Maße fortdauern, so würden 1990 in den Ver. Staaten
und in Canada 1,040,000,000 Menschen leben. Ich habe die jährliche Be=
völkerungs=Zunahme aber auf nur zwei Prozent berechnet, wonach die
Ver. Staaten und Canada im Jahre 2000 ungefähr 500 Millionen Einwoh=
ner haben würden.

und die Stellungen in den Waaren = Niederlagen der
Regierung rechnen; von andern begehrenswerthen An=
stellungen gar nicht zu reden. Hiernach können Sie
ohne weitere Erklärung die außerordentliche Macht er=
messen, welche die Regierung durch die Anstellungs=
Gewalt allein ausübt und welche Versuchung die Aus=
übung dieser unerhörten Macht im Gefolge hat."

„Ist es denn nicht nothwendig," fragte ich, „daß
Diejenigen, welche sich um eine an Verantwortlichkeit
reiche Stellung, wie die eines Buchhalters, bewerben,
die nöthigen Studien machen und eine Prüfung ablegen
müssen, ehe sie so wichtige Pflichten übernehmen?"

„Das Buchhalten bildet einen Theil des Lehr=
plans in unsern Schulen," antwortete Forest. „Uebri=
gens wird die Buchhalterei bei uns nicht sehr gewissen=
haft besorgt. Deshalb lastet die Verantwortlichkeit
nicht allzu schwer auf den Schultern der Günstlinge
unserer Regierung, und ich glaube nicht, daß einer der
Bevorzugten sich dieserhalb Sorgen macht. Es ist
natürlich für Jemanden, der außerhalb des Regie=
rungs=Kreises steht, nicht möglich, mit Bestimmtheit zu
sagen, wie schlecht die Bücher geführt werden.
Als indeß die letzte Regierung vor zwölf
Jahren aus dem Amte schied, wurde ein
schier unergründlicher Pfuhl von Verderbniß

und Betrügereien aufgedeckt. Der Werth aller vor=
handenen Waarenbestände wurde festgestellt und es
wurde ermittelt, daß Güter im Werthe von $432,000,000
fehlten. Die Mitglieder der abgesetzten Regierung
erklärten allerdings, daß diese Angaben falsch und nichts
als böswillige Verleumdungen seien, daß die neue
Regierung Buchhalter eigens zu dem Zwecke angestellt
habe, einen Diebstahl von mehr als vierhundert
Millionen Dollars herauszurechnen, nur damit die
Mitglieder der früheren Verwaltung als Schurken
politisch todt gemacht würden. Die abgegangenen
Beamten gaben zu, daß Waaren fehlen könnten, weil
die Angestellten in den Waarenhäusern stets reichliches
Maaß und Gewicht gegeben hätten; doch könnte dieser
Fehlbetrag nicht als ein Beweis der Unehrenhaftigkeit
der letzten Regierung gelten und nimmermehr die
Riesensumme von $432,000,000 erreichen. Anderer=
seits bestanden aber die neuen Beamten auf ihren An=
gaben und schrieben den Fehlbetrag der Corruption
unter der letzten Regierung zu, deren Mitglieder mehr
Waaren entnommen hätten, als ihnen zukam, ohne daß
aus ihren Antheilscheinen der entsprechende Betrag
herausgestochen wurde."

Ich fragte Forest, was er von diesen Beschuldi=
gungen und Gegenbeschuldigungen halte.

5

„Ich glaube, sie sind bis zu einem gewissen Grade nur zu wohl begründet," sagte mein Amtsvorgänger. „Die Versuchung unter unserem elenden System ist eben für viele Menschen zu groß. Daß die Führer der Regierungspartei ihren Verwandten und Freunden die besten Stellungen geben, würde ich durchaus nicht tadelnswerth finden, wenn die Angestellten die ihnen übertragenen Aemter gut verwalten könnten. Aber die 20,000,000 besten Stellungen im Lande sind durchaus nicht mit den besten und tüchtigsten Frauen und Männern besetzt. So weit diese Aemter und Stellen nicht den Verwandten und nächsten Freunden der höchsten Beamten verliehen sind, werden sie an die Angehörigen der eifrigsten und einflußreichsten Anhänger der Regierung vergeben. Und selbst das würde erträglich sein, wenn die Günstlingswirthschaft da ein Ende erreichte, an der Grenze der Verderbtheit und drückenden Willkür. Aber sie geht noch viel weiter."

„Klagen Sie die jetzige Regierung und deren Freunde der Corruption und Tyrannei an?" fragte ich, entschlossen, meinen weiteren Unterredungen mit Herrn Forest ein Ende zu machen, falls dieser entehrende Anklagen gegen meinen Gastfreund vorbringen sollte.

„Ich spreche von dem jetzigen Regierungs-System und erwähne nur Thatsachen, oder Handlungen, welche ich nachweisen kann," antwortete Forest. „Ich klage Niemanden an lediglich weil ich daran Vergnügen finde. Ich fühle, daß Ihre Frage auf Dr. Leete Bezug hat und obschon sie nicht unmittelbar gestellt wurde, werde ich sie doch offen beantworten. Ich halte Dr. Leete für einen der besten und ehrenhaftesten unter unseren Parteiführern, aber auch er macht von den Vortheilen Gebrauch, welche unter unserem System den Machthabern so leicht zugänglich sind."

„Wollen Sie die Güte haben, Ihre Behauptung zu beweisen," sagte ich ruhig, aber bestimmt.

„Ich werde es Ihrem Urtheil überlassen, zu entscheiden, ob ich in meinen Behauptungen zu weit gegangen bin," fuhr Forest fort. „Hat Dr. Leete Ihnen nicht mitgetheilt, „daß er schon seit längerer Zeit den Plan gehegt habe, in dem großen Garten bei seinem Hause ein Laboratorium zu bauen?"*) Und hat er Ihnen nicht erzählt, daß er Arbeiter kommen ließ, und daß diese das Gewölbe ausgruben, in welchem Sie schliefen?"†)

„In der That! Dr. Leete sagte, daß er ein chemisches Laboratorium zu bauen beabsichtigte," gab ich zu. „Gestattet ihm aber sein Guthabens-Schein nicht eine solche Ausgabe?"

---

*) Seite 31.　†) Seite 34.

Forest sah etwas erheitert aus, als er mich fragte, ob ich jemals gesehen hätte, wie groß der Gesammt= betrag des Jahresguthabens wäre. Ich gestand, daß ich dies nicht wüßte. Die Lebensweise des Dr. Leete zeugte von Ueberfluß und erschien mir gut genug für selbst hochgestellte Ansprüche. Ich hatte mir deshalb noch nie die Frage nach dem genauen Betrage seiner Einnahmen vorgelegt.

„Wenn es Ihnen genehm ist," sagte Forest, „wol= len wir über den Volkswohlstand zu einer anderen Zeit sprechen. Heut wollen wir uns darauf beschränken, die Neigung des Communismus zur Erzeugung von Günst= lingswirthschaft, Bestechlichkeit, Knechtssinn und Tyran= nei zu untersuchen. — In Bezug auf Dr. Leete steht fest, daß er sich ein chemisches Laboratorium bauen läßt, trotzdem dies Unternehmen in offenbarem Widerspruch steht zu den Zwecken und dem Geist unserer Einrichtun= gen. In dem Erdgeschosse dieser Universität befindet sich ein sehr gutes derartiges Laboratorium und Dr. Leete hätte sicherlich nach Gefallen in demselben experi= mentiren können, wenn er um die Erlaubniß hierzu nachgesucht hätte. Schon sein Einfluß würde ihm diese verschafft haben. Aber seine Eitelkeit veranlaßt ihn, ein überflüssiges Gebäude errichten zu lassen, welches den Radikalen als ein neuer und sichtbarer Beweis für ihre Anklagen gegen die herrschende Partei-Sippe dienen wird."

„Von welchen Radikalen sprechen Sie?" fragte ich.

„Ich rede von den radikalen Communisten, welche die jetzige Regierung bekämpfen, weil sie alle religiösen Gebräuche, die Ehe und das wenige persönliche Eigenthum abschaffen wollen, dessen Besitz jetzt noch gestattet wird. Von unseren politischen Parteien und von deren Grundsätzen werden wir später sprechen. Ich wollte Sie nur von der Thatsache überzeugen, daß Dr. Leete zu seinem eigenen Gebrauche und in offenbarem Widerspruch mit den communistischen Grundsätzen ein chemisches Laboratorium errichtet, eine sehr kostspielige Anstalt, welche mit den Guthabens-Scheinen von zehn Leuten nicht hergestellt werden könnte und daß er auf diese Weise den Tadel aller Regierungs-Gegner herausfordert."

„Kann Dr. Leete nicht eine angemessene Miethe für das Laboratorium bezahlen?" fragte ich. „Ich sollte meinen, daß der vorhandene Ueberschuß der Arbeitskräfte nicht besser benutzt werden könnte, als zur Errichtung von Gebäuden, deren Miethe alsdann das Staatseinkommen erhöht."

„Wir haben aber keinen Ueberschuß von Arbeitskräften, wie Sie alsbald erfahren werden," sagte Forest.

„Und stellen Sie sich nebenher einmal vor, was gesche=
hen würde, wenn jeder Bürger einen ähnlichen Auf=
wand für Bauarbeiten und für die Anschaffung von
Instrumenten beanspruchen würde. Sie werden ein=
sehen müssen, daß Dr. Leete eine Ausnahmestellung
beansprucht, was nach Anmaßung und Günstlingswirth=
schaft aussieht. Er mißbraucht die Macht seiner Stel=
lung und erregt dadurch böses Blut.“

Ich konnte gegen diese Auseinandersetzungen
Forest's nichts Haltbares vorbringen und schwieg
deshalb.

„Aber Günstlingswirthschaft und gelegentlicher
Mißbrauch der Regierungsgewalt zu Gunsten von
Leuten wie Dr. Leete sind noch nicht die schlimmsten
Erscheinungen in unserem öffentlichen Leben,“ sagte
Forest weiter. „Auch die Thatsache, daß einflußreiche
Männer häufig Geschenke von Seide, Pelzen und golde=
nen Schmucksachen für ihre Frauen und Töchter, sowie
von Wein und Cigarren für sich selbst seitens solcher
Leute erhalten, welche die Fürsprache der Einflußreichen
brauchen, könnte ertragen werden, obschon solche Vor=
kommnisse ein offenbarer Beweis für eine gewisse Ver=
derbtheit im öffentlichen Leben sind. Die schlimmsten
Folgen dieses verdammenswerthen Communismus sind
die Tyrannei und rücksichtslose Verfolgung aller Geg=

ner der Regierung auf der einen Seite, und der Knechtssinn, die Schmeichelei und die Verläumdungssucht auf
der anderen Seite. Jeder Mann und jede Partei,
welche eine erstrebte Stellung erreicht haben, werden
sich in derselben gegen alle Angriffe ihrer Gegner zu
behaupten suchen. Sie werden die Freunde belohnen,
von welchen sie unterstützt werden und sie werden ihre
Gegner zurückzudrängen suchen. Deshalb ist es sehr
gefährlich, eine große Regierung mit einer Gewalt zu
bekleiden, welche die Herrschenden in den Stand setzt,
das Volk in seiner täglichen Erwerbsthätigkeit sein
Leben lang in Abhängigkeit von der Gunst seiner Beamten zu erhalten."

„Nach Ihrer Beschreibung erscheint die gegenwärtige
Ordnung der Dinge unerträglich," sagte ich.

„Wenn Sie unter den Mitgliedern der verschiedenen
Zünfte, besonders unter den Ackerbauern, Nachfrage
halten," entgegnete Forest, „so werden Sie finden, daß
ich die Zustände genau so schildere, wie sie sind. Jedes
Mitglied des Arbeiter-Heeres weiß, daß Befähigung
und Fleiß allein nur in Ausnahmefällen genügen, um
Jemandem zu einer erstrebten Stellung zu verhelfen.
Politischer Einfluß ist der allmächtige Hebel, der allein
uns zu höheren Stellungen hinaufbefördern kann und
um diesen Einfluß zu erlangen, muß der Arbeiter zum

Kriecher, zum Schmeichler, zum Angeber seiner Kame=
raden und zum Bestecher seiner Vorgesetzten werden;
ja er muß auch alle stimmfähigen Verwandten und
Freunde beschwören, sich ihrer Selbständigkeit zu ent=
äußern und alle Maßregeln, sowie alle Mitglieder der
Regierung zu unterstützen.

„Wenn die Mitglieder des Arbeiter=Heeres ihre
Offiziere oder Aufseher wählen könnten,“ fuhr Herr
Forest in seinen Auseinandersetzungen fort, „dann würde
voraussichtlich die Disciplin in der „industriellen
Armee“ nicht so strict sein; aber selbst eine gelegent=
liche Auflehnung der Leute gegen die Beamten würde
dem jetzigen Stande der Dinge vorzuziehen sein, unter
welchem Alle, die sich den Groll ihrer Vorgesetzten zu=
gezogen haben, ein entsetzliches Dasein führen. Die
Selbstmorde werden deshalb alljährlich zahlreicher und
die Zahl Derjenigen, welche ihrem Leben ein Ende
machen, ist jetzt viermal so groß, wie zu Ihrer Zeit.“

„Vor 113 Jahren wurde auf die große Zahl der
Selbstmörder in den europäischen Heeren aufmerksam
gemacht,“ bemerkte ich nachdenklich. „Diese Leute tödte=
ten sich, obschon sie in Bezug auf Kleidung, Nahrung
und Wohnung keinen Mangel litten.“

„Allerdings,“ bestätigte Forest. „Die nothwen=
digen Lebensmittel ohne Freiheit haben nur geringen

Werth. Viele Soldaten Ihrer Tage machten ihrem Leben ein Ende, weil sie ein Dasein ohne Freiheit nicht führen mochten. Sie warfen das Leben von sich, trotzdem ihre Dienstzeit nur zwei, drei oder fünf Jahre dauerte und sie in Friedenszeiten einen verhältnißmäßig leichten Dienst hatten. Der Dienst in unserem Arbeiter-Heere dauert die besten 24 Jahre unseres Lebens. Die Männer und Frauen sind während dieser langen Zeit der Willkür ihrer Vorgesetzten preisgegeben und sie können, wie ich schon hervorhob, gegen jahrelange Mißhandlung durch den einen Angestellten der Regierung nur bei einem andern Angestellten der Regierung Klage führen. Und diese sogenannten „Richter" entscheiden solche Fälle endgültig meist dadurch, daß sie die Kläger auffordern, wieder an ihre Arbeit zu gehen und sich mit der Zufriedenheit ihrer Vorgesetzten die Aussicht auf Beförderung zu erwerben."

„Sie haben von Politikern gesprochen, Herr Forest," fragte ich. „Nehmen viele Männer thätigen Antheil am politischen Leben?"

„Das will ich meinen," rief Forest; „obschon allerdings in ihrer eigenen Weise. Viele Männer und viele Frauen, welche das fünfundvierzigste Lebensjahr zurückgelegt haben, thun nichts weiter, als daß sie sich mit Politik beschäftigen. Mit ihrem Guthabensscheine

können sie leben, wo sie wollen und Viele ziehen es vor,
ihre Zeit in Washington zu verbringen, wo sie eifrig
und geschäftig sind, für ihre Freunde und Schützlinge
Gunstbezeugungen zu erjagen, sowie für solche Leute,
welche sich der Dienste dieser Politikanten versichert
haben. Die „Lobby", welche zu Ihrer Zeit in den Hal=
len des Congresses ihr Unwesen trieb, wird als eine
böse Gesellschaft raubsüchtiger, gewissenloser Abenteu=
rer beschrieben, welche sich gegen gute Bezahlung dazu
gebrauchen ließen, die Congreß=Mitglieder zum Erlaß
von Gesetzen zu Gunsten einzelner Personen und Kör=
perschaften zu verleiten. Wenn man aber jene nicht
sehr zahlreiche und im äußeren Auftreten immerhin
einigermaßen anständige Lobby mit den Washingtoner
Drahtziehern unserer Tage vergleichen wollte, so würde
das etwa dasselbe sein, als wenn man eine Sonntagsschule
mit einer Reform=Schule vergliche, wie solche zur Bes=
serung junger Taugenichtse in Ihren Tagen unterhalten
wurden. Millionen von Leuten, welche bessere Arbeit,
oder Beförderung wünschen und sich von dem Einfluß,
den sie daheim geltend machen können, keine Wirkung
versprechen, wenden sich an die Politikanten in Wash=
ington und sichern sich deren Dienste."

„Aber was kann derjenige, welcher Vergünstigun=
gen sucht, denjenigen bieten, welche in Washington

wohnen, um diese zur Aufbietung ihres etwaigen Ein=
flusses zu veranlassen," fragte ich; „heutigen Tages
sammelt doch Niemand Schätze?"

„Das thut allerdings Niemand, antwortete
Forest lächelnd. „Aber manche Leute wollen sich von
Zeit zu Zeit „vergnügte Tage" machen und zu diesem
Zwecke brauchen sie vielleicht alljährlich den fünf= oder
zehnfachen Betrag ihres Guthabensscheines. Manche
unserer politischen Lichter führen das, was man ein
„großes Haus" nennt. Sie empfangen viele Gäste,
bewirthen dieselben mit feinen Speisen und guten
Weinen und manche unserer hervorragenden Lobbyisten
thun dasselbe. Wer von diesen Leuten eine Begün=
stigung verlangt, muß einen namhaften Theil seines
Guthabensscheines abgeben und er mag sich, wenn er be=
fördert wird, an seine künftigen Untergebenen wegen
eines reichen Ersatzes für das nach Washington Ab=
gegebene halten."

„Weshalb sind aber die Leute mit ihrem gesetz=
lichen Einkommen nicht zufrieden?" fragte ich, schmerz=
lich überrascht davon, daß jetzt die Drahtzieherei und
die Verderbtheit noch üppiger zu wuchern schienen, als
vor 113 Jahren. „Ist nicht das Einkommen, welches
ein Guthabensschein gewährt, genügend zum Lebens=
unterhalte des Volks?"

„Sie können die Menschen niemals zufrieden=
stellen," sagte Forest. „Heut zu Tage wird der tüchtige
und fleißige Theil des Volks zu Gunsten der Faulen
und Dummen beraubt. Selbst die Begünstigten müssen
sich die Unverschämtheiten, die Erpressungen und Er=
niedrigung Seitens ihrer Vorgesetzten gefallen lassen.

„Und selbst die Männer und Frauen von den
allergeringsten Fähigkeiten, welche aus der gleich=
mäßigen Vertheilung der Arbeitsergebnisse den meisten
Vortheil ziehen, sind nicht einmal sämmtlich zufrieden=
gestellt. Manche derselben fordern die Abschaffung
alles persönlichen Eigenthums und abgesonderter
Haushaltungen. In der That ist nur ein kleiner Theil
unserer Bevölkerung wirklich zufrieden. — Zur Bestrei=
tung größeren Aufwandes für feine Speisen, kostbare
Mahlzeiten, theure Weine und Havana-Cigarren reichen
die Guthabens=Scheine nicht aus und Leute, welche
dergleichen regelmäßig genießen möchten, müssen sich
nach Menschen umsehen, welche unter Umständen bereit
sind, dafür zu bezahlen. — In Washington leben aber
nicht nur sogenannte „Lebemänner", sondern auch viele
Mädchen und junge Frauen, welche Liebeleien, üppige
Mahlzeiten, feine Kleider und Juwelen, sowie den
Strudel eines wilden, lüderlichen Lebens der regel=
mäßigen Thätigkeit im Arbeiter=Heere oder in der
Haushaltung vorziehen."

„Die Prostitution wuchert also in Washington nach wie vor?" fragte ich erstaunt.

„Leider ist dem so," entgegnete Forest. „Natürlich bekleiden jene Mädchen Schreiber= oder Buchhalter= Stellen in den verschiedenen Regierungs=Abtheilungen; aber diese Posten sind nur Sinecuren. Von Freunden, welche aus eigner Anschauung diese Geheimnisse des Washingtoner Lebens kennen lernten (und man kann da eigentlich kaum noch von Geheimnissen reden, da dieses Treiben allgemein bekannt ist), habe ich die An= sicht aussprechen hören, daß manche der höheren Beamten den fünfzigfachen Betrag ihrer Guthabens= Scheine mit leichtfertigen Frauenzimmern verausgaben. Dieses Geld erlangen sie theilweise dadurch, daß sie den Leuten, welche Begünstigungen suchen, einen Betrag ihres Guthabens=Scheines abnehmen. Ein anderer Theil der vergeudeten Summen kommt aus den Waaren= lagern der Regierung, wo nur ein kleiner Betrag dessen, was diese hohen Beamten entnehmen, aus deren Guthabens=Scheinen herausgestochen wird. Denn die in den Waarenlagern Angestellten wissen, daß sie sehr bald ihre Stellungen verlieren und in die zweiten Ab= theilungen des dritten Grades einer Zunft versetzt werden würden, falls sie sich beikommen ließen, die politischen Größen der Regierung, welche Waaren ent=

nehmen, wie gewöhnliche Leute zu behandeln. Der
Reiz, welchen dieses üppige Leben auf viele Männer
und Frauen ausübt, hat, wie ich schon erwähnt, die
Bevölkerung Washingtons außerordentlich vermehrt
und es ist demzufolge die volkreichste Stadt im Lande.“

„Ich kann nicht begreifen, wie das Volk eine so
verderbte und willkürliche Regierung wie die von Ihnen
geschilderte dulden kann,“ sagte ich; „und ich bin über=
zeugt, daß Ihre zur Schwarzseherei neigende Lebens=
auffassung Ihr Urtheil getrübt hat.“

„Es liegt nur an Ihnen, wenn Sie in Zweifel
darüber bleiben, ob meine Angaben richtig sind, oder
nicht,“ antwortete Forest. „Wenn Sie um Urlaub zu
dem Zwecke nachsuchen, unsern Herrschern in Washing=
ton einen Ihrer begeisterten Vorträge über die Vor=
züge der jetzigen Gesellschafts=Ordnung zu halten, so
wird man Ihnen hier mit Vergnügen gestatten, Ihre
Vorlesungen eine Zeit lang auszusetzen und in
Washington wird man Sie glänzend empfangen. Denn
die Begeisterung, mit welcher Sie unsere Einrichtungen
gegenüber denen des neunzehnten Jahrhunderts prei=
sen, gießt ja Wasser auf die Mühlenräder der Regie=
rung. Sie werden dann den Stand der Dinge genau
so finden, wie ich ihn geschildert habe und wenn Sie mit
den Mitgliedern des Arbeiter=Heeres, sowie mit deren

Freunden sprechen, welche die Regierung unterstützen, dann werden Sie erfahren, daß dies lediglich deshalb geschieht, weil sie an der Möglichkeit einer Besserung unter dem jetzigen System verzweifeln und nur eine Verschlimmerung für den Fall fürchten, daß die Radikalen an's Ruder kommen."

„Wie könnten die öffentlichen Angelegenheiten sich noch schlimmer gestalten, als sie Ihrer Schilderung nach schon sind?" rief ich aus.

„Viele Leute fürchten, daß die Radikalen die Ehe beseitigen und „freie Liebe" mit allen ihren Folgen dem Volke aufdrängen würden," erklärte Forest. „In der That fordern die radikalen Zeitungen — die einzigen Blätter, welche eine rücksichtslose Sprache gegen die Regierung führen und diese scharf angreifen — Verbot aller religiösen Gebräuche, Abschaffung der Ehe, Aufhebung der Familie, der besonderen Haushaltungen und Abschaffung des geringen persönlichen Eigenthums, welches zu besitzen, den Leuten heute noch gestattet ist."

„Aber wie lassen sich solche Aeußerungen und Forderungen der radikalen Zeitungen in Einklang bringen mit dem, was Sie über die Behandlung von Gegnern der Regierung erzählten?" fragte ich. „Wenn es gebräuchlich ist, die Gegner der Regierung in

Irrenhäuser zu sperren, so begreife ich nicht, wie den radikalen Zeitungen gestattet werden kann, so scheuß= liche Grundsätze zu predigen.

Forest lachte, als er entgegnete: „Die radikalen Redacteure werden begünstigt und nehmen eine Aus= nahmestellung ein; denn sie leisten der Regierung werth= volle Dienste, indem sie die Masse des Volkes in Unter= würfigkeit gegenüber der Regierung hineinängstigen. Jedesmal, wenn eine Wahl der Zunft=Generale bevor= steht, dürfen die Redacteure der radikalen Zeitungen ihre volle Leistungsfähigkeit im Schimpfen und in der Stellung wahnsinniger Forderungen entwickeln. Einige Tage vor der Wahl drucken dann die Regierungs= zeitungen Auszüge aus jenen unfläthigen Angriffen auf Religion, Ehe und Familienleben nach und fragen das Volk, ob es solche Aenderungen wünsche. Dann wird das Volk aufgefordert, die Regierung zu unter= stützen, welche zwar nicht alle Leute zufriedenstellen könne, immerhin aber die beste sei, welche auf Erden jemals bestanden habe — und so weiter mit Grazie bis in's Unendliche.

„Die radikalen Redacteure werden also einfach als Popanze geduldet, welche das Volk einschüchtern müs= sen, während es den gemäßigten Schriftstellern nicht gestattet wird, gegen die jetzige Gesellschafts=Ord=

nung oder gegen die Regierung einen Tadel auszu=
sprechen?"

„So ist es," bestätigte Forest. „Ich fürchte indeß,
daß die Regierung ein sehr gewagtes Spiel spielt. Die
Radikalen gewinnen unzweifelhaft Boden und es giebt
unter ihnen sehr viele verzweifelte Burschen, welche zu
jeder Zeit bereit sind, die schwarze Fahne der Zerstö=
rung zu entfalten. Wäre das Volk frei und unabhän=
gig, so wäre die Gefahr nicht so groß. Dann würden
alle freien Männer sich zur Vertheidigung der von ihnen
geschätzten staatlichen Einrichtungen sammeln. Wie aber
die Dinge jetzt stehen, sind die Massen gewöhnt, sich
unter die Herrschaft einer Minderheit zu beugen. Der
Aufstand eines Haufens zu Allem entschlossener Män=
ner würde deshalb vergleichsweise geringen Widerstand
von Seiten der Bürger finden, die bereit wären für die
Aufrechterhaltung der jetzigen Ordnung der Dinge zu
kämpfen. Und es wird ein verhängnißvoller Tag für die
Menschheit werden, an welchem die Radikalen die Herr=
schaft gewinnen."

„Haben Sie mir nicht mitgetheilt, daß vor zwölf
Jahren die damalige Regierung die Wahl verlor und
dadurch gestürzt ward?" warf ich ein. „Und beweist
das nicht, daß selbst eine Regierung mit einer Macht=
vollkommenheit wie die Ihrige schließlich doch geschla=

6

gen werden kann? Und sagten Sie nicht ferner, daß die jetzigen Ober = Beamten tüchtigere, bessere Leute seien, als Diejenigen, welche die letzte Regierung bildeten?"

„Eine Besserung in der Leitung der öffentlichen Angelegenheiten ist nicht in Abrede zu stellen; aber diese Besserung ist nicht sehr wesentlich. Es hat in Wirk= lichkeit nur ein Wechsel der Beamten, nicht aber eine Aenderung des Systems stattgefunden. Günstlings= wirthschaft, Bestechlichkeit und Sittenverderbniß haben etwas abgenommen; aber sie sind nicht ausgerottet worden. Sie wuchern im Gegentheile noch immer viel zu üppig. — Gerade diejenigen Leute, welche sich vor zwölf Jahren im Kampfe besonders hervorthaten, mit Begeisterung die Erwählung der jetzigen Partei=Führer betrieben, weil sie von denselben die Reinigung unseres öffentlichen Lebens und die Abstellung aller Uebel= stände erhofften; gerade diese Leute haben jetzt alle Hoffnung aufgegeben, daß unter dem Communismus eine gerechte und ehrliche Regierung überhaupt beste= hen könnte. Jener Wahlsieg hat also, eben weil er im Wesentlichen nur auf einen Personenwechsel hinauslief, das Vertrauen des Volkes auf eine Besserung der Zustände unter dem jetzigen System vernichtet. Mithin hat der Sieg mehr geschadet, als genützt. Der stärkste und verläßlichste Bestandtheil unserer Bevölkerung in einem Kampfe für vernünftige Regierungsgrundsätze würden unsere Bauern sein; aber trotz ihrer großen Zahl bilden sie nur eine Zunft. Sie haben nur einen General und einen Abtheilungsvorsteher, bleiben daher bei entscheidenden Abstimmungen der zehn Abtheilungsvorsteher stets in der Minderheit. Und weil sie Gegner der jetzigen Regierung sind, werden sie nicht so gut behandelt, wie die Mitglieder der anderen Zünfte."

„Erhalten die Bauern nicht dieselben Guthabens-Scheine wie alle anderen Bürger?"

„Allerdings; aber sie beklagen sich, daß sie die schlechtesten Waaren erhalten und nicht den vollen Antheil an öffentlichen Einrichtungen oder Verbesserungen. Sie behaupten, daß sie beständig zurückgesetzt werden. — Die Bauern würden die verläßlichsten Kämpfer gegen die Radikalen sein; aber die Behandlung, welche ihnen von Seiten der Regierung zu Theil geworden ist, hat sie so mißvergnügt gemacht, daß bei einem Kampfe für die Aufrechterhaltung der jetzigen Regierung, oder auch nur des jetzigen Systems, durchaus nicht auf sie zu rechnen ist. Besonders klagen die Bauern darüber, daß die Städter bei Anlage von Theatern, Musik-Hallen und anderen Vergnügungs-

und Erholungs-Plätzen entschieden bevorzugt würden.
Es ist natürlich unmöglich, an jedem Kreuzwege im
Lande ein Theater oder eine Conzert-Halle zu bauen:
aber wenn die Bevölkerungszahl in Stadt und Land
in Betracht gezogen wird, so muß zugegeben werden,
daß die Bauern im Verhältniß zu ihrer Zahl recht
kümmerlich bedacht werden. Die Regierung rechnet
auf die Unterstützung der Stadtleute und solcher Zünfte,
welche hauptsächlich aus Städtern gebildet werden; deshalb werden die Städter auf Kosten der Bauern bevorzugt. Eine andere Klage der Bauern geht dahin, daß
sie bei der Austheilung der Waaren übervortheilt werden. In Folge des wechselnden Geschmacks, des jah-
reszeitwidrigen Wetters und verschiedener anderer
Ursachen bleiben in den Waaren-Häusern oft Reste
liegen, welche mit Verlust verkauft werden müssen.*)
Diese Waaren kann die Regierung verkaufen, wann sie
will, d. h. wann sie meint, die besten Preise dafür erhalten zu können. Die Regierung kann aber auch allein
darüber bestimmen, welche Waaren zu herabgesetzten
Preisen verkauft werden sollen. Nun behaupten die
Bauern, daß verlegene, unmoderne und schlechte Waaren den Landbewohnern als neu aufgeschwindelt werden; während Begünstigte Waaren zu herabgesetzten

---

*) Seite 186.

Preisen erhalten, die ganz neu und fehlerlos sind. —
Ich will durchaus nicht behaupten, daß alle Klagen
unserer Bauern begründet sind. Theilweise mag dies
nicht der Fall sein. Aber die Klagen an sich sind ein
Beweis der Unzufriedenheit und sie sind nur möglich,
weil unsere Regierung mit einer Machtvollkommenheit
bekleidet ist, welche in der Geschichte der Menschheit
unerreicht dasteht. Es ist das System, welches alle
diese Uebelstände erzeugt."

"Bestehen außer der radikalen und der Regierungs=
partei noch andere Organisationen, welche nach der Lei=
tung der Staatsangelegenheiten streben?"

"Wir haben eine Temperenzpartei, welche sehr
thätig und gut organisirt ist; aber dieselbe sucht nur
innerhalb der Regierungs=Partei und durch diese zur
Macht zu gelangen. Die Regierung zeigt keine Feind=
seligkeit gegen die Mitglieder dieser Fraktion, sondern
läßt sie gewähren. Bisher haben sie keine nennens=
werthen Erfolge errungen."

"Ich sehe wohl, daß Sie der jetzigen Gesellschafts=
Ordnung nicht viel Anerkennung zu Theil werden
lassen für irgend etwas, was unter ihr geschehen ist.
Aber glauben Sie denn nicht, daß die Beseitigung der
Armuth, die Erhebung aller Menschen auf den Stand=
punkt annähernder Gleichheit große und unschätzbare

Errungenschaften des Menschengeschlechtes darstellen? Ich entsinne mich nur zu wohl der unsagbaren Leiden, welche die Armen meiner Zeit zu erdulden hatten. Ich bin nicht genügend mit der jetzigen Ordnung der Dinge vertraut, um alle Ihre Mittheilungen und Ansichten gutheißen, oder ihnen widersprechen zu können. Aber ich betrachte die gänzliche Beseitigung der Armuth als eine so großartige Errungenschaft, daß ich trotz Ihrer Verdammung des jetzigen Systems die Hoffnung nicht aufgebe, es werde der jetzigen Gesellschaft gelingen, die Unzulänglichkeiten zu überwältigen, welche von allen menschlichen Anstrengungen und Einrichtungen unzertrennlich sind."

„Mein verehrter Herr West, es freut mich außerordentlich wahrzunehmen, daß Sie in Ihren letzten Aeußerungen zur Vertheidigung des Communismus dieselben Gründe vorführen, welche zu Ihrer Zeit die Vertheidiger Ihrer Gesellschaftsform gegen die Communisten geltend machten. Es beweist das einfach zweierlei: Erstens, daß unter Gottes Sonne auf der Erde nichts vollkommen ist und zweitens, daß auch jede Regierung das zugestehen muß. Die Abschaffung der wirklichen Armuth hätte, wie ich später über jeden Zweifel hinaus beweisen werde, auch ohne den Rückfall in den Communismus durchgeführt werden können.

Dadurch wären uns die schauderhaften Folgen dieser elenden Gesellschaftsform erspart worden. Die Thatsache, daß die Regierungs-Beamten die im ArbeiterHeere stehenden Freunde ihrer Gegner wie Sclaven behandeln können und daß selbst solche Freunde von Gegnern der Regierung, die sich durch Tüchtigkeit bereits emporgearbeitet hatten, bei der jährlichen Neueintheilung in die zweite Abtheilung des dritten Grades zurückversetzt werden können, die Günstlingswirthschaft, welche die Regierung eingeführt hat, haben eine unerhörte Schmeichelei, Knechtschaffenheit, Verläumdungssucht und Verderbtheit großgezogen. Nie hat es in der Geschichte der Amerikaner eine Zeit gegeben, in welcher im öffentlichen wie im geschäftlichen Leben so wenig Unabhängigkeitssinn und Mannhaftigkeit zu Tage traten. Als vor zweihundertunddreißig Jahren England den Versuch machte, eine Theesteuer einzuführen, da erhoben sich die Amerikaner in Waffen, weil sie nicht gesonnen waren, der Regierung die Auferlegung einer Steuer zu gestatten, so lange die Amerikaner keine Vertretung in dem Parlamente hatten, welches diese Steuer ausschrieb. Heute verfügt die Regierung über die Arbeit aller Männer und Frauen während vierundzwanzig langer Jahre, ohne daß der Blüthe des amerikanischen Volks auch nur eine Gele genheit gegeben würde, darüber abzustimmen, wie die Regierung die Arbeit Derjenigen leiten soll, welche Alles das erzeugen, wovon das ganze Volk lebt! Diese elende Sclaverei, welche nie zuvor unter c i v i l i s i r = t e n Völkern bestanden hat, kann nicht lange mehr dauern. Sie wird in einem Meere von Blut unter= gehen. Denn wahr ist das Wort Schillers:

Vor dem Sclaven, wenn er die Ketten zerbricht;
Vor dem freien Manne erzittere nicht.

Fünftes Kapitel.

Aus einem Himmel des Friedens und der Freude, aus einem nur von guten Menschen bewohnten Ideal-Staate, hatte Forest mich hinabgestürzt in das tiefe, dunkle Meer des Zweifels und des Trübsinns.

Dr. Leete und dessen Familie entging natürlich mein gedrücktes, verstörtes Wesen nicht und während der Doctor offenbar darauf wartete, daß ich aufs Neue mit ihm soziale Fragen besprechen würde, suchte Edith mich zu trösten. Sie schien zu glauben, daß das Fremd-artige meiner Umgebungen und meiner neuen Stellung einen geistigen Druck auf mich ausübe.

Ich vermied indessen eine Erklärung. Ich hatte beschlossen, meine Unterredungen mit Herrn Forest fortzusetzen, mir aber durch Prüfung der Zustände eine eigne, klare Meinung zu bilden. Denn nur durch eigne Anschauung konnte ich zu einem selbständigen Urtheil darüber gelangen, wie weit Dr. Leete's und wie weit Forest's Darstellung die richtige sei.

Deshalb schlenderte ich, wenn ich nach der Univer-sität ging, oder von dort zurückkehrte, die Straßen ent-

lang und sprach mit allen Leuten, die ich kennen lernte.
Es erschien mir höchst befremdend, daß Alle sehr zurück-
haltend wurden, ja ängstlich und mißtrauisch erschienen,
sobald ich an sie Fragen stellte über die Verwaltung der
öffentlichen Angelegenheiten, über die Grundsätze, auf
welchen unser Staatswesen ruht, über das Benehmen
der Offiziere, über die Verwaltung der Waarenlager,
sowie darüber, ob das Volk sich glücklich fühle oder
nicht.

Selten wurde mir eine entschiedene Antwort zu
Theil, aus welcher ich auf freudige Zufriedenheit oder
auf grollende Unzufriedenheit schließen konnte. Nur
einige Radikale sprachen sich in den allerstärksten Aus-
drücken gegen die jetzige Ordnung der Dinge aus, sowie
gegen die höchsten Beamten des Landes, und einige
Frauen wurden so weit mittheilsam, daß sie erklärten,
sie fänden an der Arbeit in den Fabriken gar keinen
Gefallen.

Aber obschon die Leute im Allgemeinen sehr zurück-
haltend in dem Kundgeben ihrer Stimmungen und
Meinungen waren, so wurde es mir doch klar, daß
Zufriedenheit in dem Garten des Communismus eine
ebenso seltene Pflanze ist, wie sie es vor 113 Jahren
in den Ver. Staaten war. Das rohe Schelten der
Radikalen gegen die höchsten Beamten des Landes

konnte mich natürlich nicht überzeugen, daß die erhobenen Beschuldigungen begründet wären. Bemerkenswerth erschien es mir aber, daß die Frauen und Männer des Arbeiter = Heeres, mit welchen ich über jene Anklagen sprach, sich auf keine Vertheidigung der Angegriffenen einließen. Sie wollten es offenbar vermeiden, irgendwo anzustoßen, so lange sie nicht von ihren Vorgesetzten aufgefordert wurden, für die Regierung einzutreten.

So drängte sich mir die Ueberzeugung auf, daß auch die Gütergemeinschaft nicht die allgemeine Glückseligkeit und Zufriedenheit geschaffen hatte, welche ich nach den Schilderungen des Dr. Leete zu finden hoffte. Aber ich war zu der Annahme geneigt, daß die Leute im Allgemeinen recht angenehm lebten, ohne große Sorgen, nicht gerade besonders zufrieden mit ihrem Loose, aber auch nicht entschlossen, den Stand der Dinge zu ändern. Es schien mir ferner, als ob die Masse des Volkes geistig träge und schwerfällig wäre, als ob nur Wenige an irgend welchen Dingen regen Antheil nähmen.

Eines Tages, als ich nach einem Spaziergange durch die Straßen Bostons nach Dr. Leete's Haus zurückgekehrt war und den Hausflur betreten hatte, hörte ich aus einem anstoßenden Zimmer, dessen Thür

offen stand, eine in sehr lautem Tone geführte Unter=
haltung. Schon die ersten Worte fesselten unwillkür=
lich meine Aufmerksamkeit. Sie wurden von einer
tiefen, vor Erregung zitternden Stimme gesprochen
und lauteten:

„Fräulein Edith hat mich zur Fortsetzung meiner
Besuche ermuthigt.“

„Wir Alle sind immer erfreut, Sie bei uns zu
sehen, Herr Fest,“ antwortete Dr. Leete. „Wir Alle
haben Sie eingeladen, Ihre Besuche zu wiederholen.“

„Allerdings haben Sie das gethan; aber Sie ver=
stehen wohl, was ich meine,“ fuhr die Stimme fort.
„Ich bin so oft in Ihr Haus gekommen und habe heut
Fräulein Edith gefragt, ob sie mein Weib werden will,
weil Ihre Tochter meine Hoffnung, ihre Liebe zu
gewinnen, ermuthigt hat. Jetzt aber wird mir in küh=
ler Weise eröffnet, daß ich mich irrigen Hoffnungen
hingegeben habe und ich sehe meinen Verdacht bestätigt,
daß der Bostoner des neunzehnten Jahrhunderts, den
Sie aus einem Keller in Ihrem Garten ausgraben
ließen, der Mann ist, den Fräulein Edith allen Anderen
vorzieht — selbst Demjenigen, den sie bis vor einigen
Tagen ermuthigte.“

„Herr Fest, ich wünsche, daß Sie die Bildung
und Gesittung des zwanzigsten Jahrhunderts mit mehr

Anstand vertreten, wenn Sie von meiner Tochter und von meinem Gaste sprechen," sagte Dr. Leete etwas erregt.

„Natürlich muß ich vor allen Dingen den Anstand bewahren, nachdem ich durch herzlose Koketterie ein Jahr lang genarrt worden bin und nun die Ent= deckung mache, daß das Mädchen, welches ich liebe, mir ein 143 Jahre altes Menschenkind vorzieht," sagte Fest bitter und höhnisch.

„Wie können Sie nur so beleidigende, unwahre Reden führen!" rief Edith in zorniger Aufregung. „Nie= mals während unserer zehnjährigen Freundschaft ist mir der Gedanke gekommen, daß Sie andere Gefühle für mich hegen, als die eines Bruders."

„Es ist an der Zeit, dieser Unterredung ein Ende zu machen," erklärte jetzt Dr. Leete. „Nach den statt= gehabten Erklärungen wird Herrn Fest ohne Zweifel sein Gefühl sagen, daß die bisherigen Beziehungen nicht fortgesetzt werden können."

„Natürlich können unsere Beziehungen nicht fort= gesetzt werden," schrie Fest im höchsten Zorne. „Ich verlasse Sie jetzt und erkläre Ihnen hiermit, daß ich Ihr Haus nicht wieder in freundlicher Absicht betreten werde. Sollte ich je zurückkehren, so werde ich als Feind kommen, um Rache zu suchen für die Zerstörung meines

Lebensglückes und Herzensfriedens. Hüten Sie sich vor jenem Tage!"

Die Sprache, welche dieser Mensch gegen Edith und deren Vater führte, empörte mich und, in das Zimmer tretend, sagte ich: „Bitte, sparen Sie Ihre hochtönenden Redensarten auf, bis Sie vielleicht einmal auf einem Liebhabertheater einen Bösewicht spielen und verlassen Sie sofort das Zimmer."

Der Mann vor mir war sechs Fuß und drei Zoll hoch, hatte breite Schultern und gewaltige Fäuste. Er blickte spöttisch auf mich nieder und sagte: „Siehe da! Der ausgegrabene Greis! Diesmal will ich Sie noch schonen, altes Männchen; aber wenn Sie mir noch einmal mit unverschämten Redensarten in den Weg treten, dann stecke ich Sie in einen Sack und werfe Sie in die Massachusetts-Bay."

Ehe ich auf diese Drohung antworten konnte, hatte Jest die Stube und das Haus verlassen.

„Wer ist der Mann?" fragte ich, mich an Dr. Leete wendend, ohne daß ich versucht hätte, mein Mißvergnügen zu verbergen.

„Er ist ein Maschinenbauer, ein sehr tüchtiger Mann in seinem Gewerbe und Hauptmann im Arbeiter-Heere," erklärte der Doctor. „Seine Eltern lebten im nächsten Hause und als er ein Knabe war, pflegte er mit Edith zu spielen."

„Wenn ich die Bildung, sowie die Umgangsformen der Offiziere des Arbeiter-Heeres nach den Erfahrungen dieser Stunde beurtheilen wollte, dann müßte ich sagen, daß die Gesittung eher Rückschritte als Forschritte gemacht hat," bemerkte ich.

„Es ist ein außerordentlicher Fall von Atavismus," erklärte Dr. Leete. „Solche Hitzköpfigkeit ist in unserem Zeitalter sehr selten und nur durch Vererbung erklärlich."

Ich mochte diese Unterhaltung, die ein sehr unerfreuliches Ende nehmen konnte, jetzt nicht fortsetzen. Ich konnte die Betrachtung nicht unterdrücken, daß die Sitten und Umgangsformen vor 113 Jahren zwischen beiden Geschlechtern eine Linie zogen, die zwar unsichtbar, aber von Jedermann anerkannt war, der eine Ahnung von Schicklichkeitsgefühl hatte und daß zu meiner Zeit kaum ein Mann den Eindruck haben konnte, daß ein Mädchen ihn ermuthigt hätte, wenn dies nicht der Fall war. Ich hegte nicht den geringsten Zweifel, daß Edith sich in dieser Angelegenheit so gut benommen hatte, wie das beste Mädchen ihrer Tage. Dieser peinliche Auftritt war auch eine Folge der Gleichmacherei, welche allüberall bemerklich ist und welche wahrscheinlich bis zu einem gewissen Grade die feine Scheidelinie verwischt hatte, welche vor 113 Jahren die sittlich erzogenen Mitglieder beider Geschlechter trennte. Ich erinnerte mich der Frage, welche ich einst an Dr. Leete stellte:

„Demnach machen im zwanzigsten Jahrhundert auch Mädchen Liebeserklärungen?"

Worauf Dr. Leete antwortete:

„Wenn es ihnen so gefällt, allerdings; denn es liegt für sie ebenso wenig ein Grund vor, ihre Gefühle zu verbergen, als für ihre Liebhaber."*)

Ja freilich! Wenn die Mädchen ihre Liebe ebenso erklären, wie die Männer das thun, dann muß freilich die feine Scheidelinie zwischen den beiden Geschlechtern verwischt werden.

Ein Gefühl der Unruhe, ja des Widerwillens überkam mich.

„Vielleicht wäre es doch zweckmäßig, Herrn Fest wenigstens auf einige Monate unter ärztliche Behandlung zu stellen," sagte Dr. Leete nachdenklich. „Er befindet sich ohne Zweifel in einer hochgradigen Aufregung und es ist nicht unmöglich, daß er eine unüberlegte Handlung begeht, welche er später bereuen würde."

„Vor hundert und dreizehn Jahren würden wir solch einen Menschen einfach unter Friedensbürgschaft

---

*) Seite 266.

gestellt haben," sagte ich, da mir der Gedanke Ent=
setzen einflößte, daß ein Mann lediglich deshalb in ein
Tollhaus gesperrt werden sollte, weil er im Zorne einige
Drohungen ausgestoßen hatte.

„Was thaten Sie aber mit einem Manne, der
trotz seiner Bürgschaft den Frieden brach?" fragte der
Doctor.

„Wir bestraften ihn nach den Gesetzen, welche auf
den Fall Bezug hatten; entwedermit einer Geldstrafe,
mit Gefängnißhaft, oder, im Falle eines Mordes, mit
Tödtung."

„Wir bringen einen Mann, in welchem der Ata=
vismus zum Durchbruch kommt, in ein Hospital, wo
tüchtige Aerzte ihn so lange in Behandlung nehmen,
bis sie ihn für genügend hergestellt erachten und seine
Entlassung verfügen," sagte Dr. Leete mit dem Aus=
druck großer Selbstzufriedenheit und Güte, während er
eine frische Havana=Cigarre anzündete.

„Ich glaube nicht, daß Du viel wagst, Papa,"
sagte Edith, „wenn Du dem Manne erlaubst, seiner
Berufsthätigkeit nachzugehen. Er braust schnell auf;
aber er wird sich auch bald wieder beruhigen."

„Dessen bin ich nicht so sicher," antwortete Dr.
Leete nachdenklich. „So weit ich ihn kenne, sind seine
Gefühle, wenn einmal erregt, tief und nachhaltig. Viel=

7

leicht beruhigt er sich; vielleicht auch nicht. Jedenfalls
ist es gefährlich, den Stimmungen eines solchen Men=
schen ausgesetzt zu sein."

Widerstreitende Gefühle und Gedanken füllten mir
Herz und Hirn. Ich war überzeugt, daß eine Fort=
setzung der Unterredung zu einem ernstlichen Streit mit
Dr. Leete führen könnte und ich war nicht in der
Stimmung, eine längere Erörterung mit ihm zu führen.
So schützte ich denn starkes Kopfweh vor und trat einen
Spaziergang an.

Die Erfahrungen der letzten Stunde schmeckten
durchaus nicht nach dem tausendjährigen Reiche mensch=
licher Glückseligkeit, von welchem Dr. Leete wiederholt
gesprochen hatte. Ein Mann, welcher eine Offiziers=
Stelle in dem Arbeiter=Heere bekleidet, beschuldigt Edith
in der rohesten Weise der Koketterie. Sein Betragen
entsprach sicher nicht dem hohen Lobe, welches Dr. Leete
der Bildung und Erziehung junger Leute im zwanzigsten
Jahrhundert zollte. Jedenfalls bewies dieser Streit
zwischen Fest und der Familie des Dr. Leete, daß die
Zufriedenstellung der Menschheit durch die Einführung
des Communismus, d. h. durch genügende Beherbergung,
Kleidung und Abfütterung aller Leute, auch nicht erreicht
wird. Haß und Eifersucht bedrohten meine Liebe und
Fest schien mir ganz der Mann zu sein, um mir sein

Mißbehagen klar zu machen. Das Mittel, durch welches
Dr. Leete eine Gewaltthat des enttäuschten Liebhabers
verhindern wollte, erschien mir noch viel widerwärtiger,
als die Aussicht auf einen Kampf mit Feſt. Und
wieder stieg die Frage in mir auf, ob wohl Edith
Bartlett, meine Verlobte im Jahre 1887, einem Manne
auch nur die Möglichkeit der Klage offen gelassen hätte,
daß sie mit ihm kokettirt oder ihn zu einer Liebeserklä=
rung ermuthigt hätte.

Als ich Herrn Foreſt nach meiner nächsten Vor=
leſung traf, warf ich die Frage hin: „Wenn ich recht
unterrichtet bin, so haben sich viele Mädchen des zwan=
zigsten Jahrhunderts zu dem entwickelt, was wir
emancipirte Damen zu nennen pflegten?"

Foreſt warf einen schnellen, prüfenden Blick auf
mein blaſſes Gesicht, welches von einer schlaflos ver=
brachten Nacht zeugte und entgegnete dann: „Der
blödsinnige Versuch, die in der Natur begründete
Verschiedenheit durch Gleichmacherei=Bestrebungen zu
verwischen, hat auch die Beziehungen zwischen Frauen
und Männern nicht verschont. Beide Geschlechter ge=
hören dem Arbeiter=Heere an, beide haben ihre Offiziere
und Richter, beide erhalten die gleiche Bezahlung. Die
Königin Ihres altväterlichen Haushaltes iſt entthront
worden. Wir nehmen unsere Mahlzeiten in groß=

artigen Dampf=Abfütterungs=Anstalten ein und wenn unsere Radikalen (die wahrhaft folgerichtig denkenden Communisten) einmal siegen sollten, dann werden wir Alle in großen Kasernen leben, welche Tausende von Menschen beherbergen können. Die Ehe und das Familienleben werden abgeschafft sein, ebenso wie Religion und persönliches Eigenthum; freie Liebe wird das Losungswort sein und wir werden ein Dasein führen wie eine Kaninchen=Heerde. — Das natürliche Schicklichkeits=Gefühl, welches eine hervorragende Eigenschaft des zarteren Geschlechtes ist, hat es glücklicher Weise verhindert, daß die Mehrzahl unserer Frauen und Mädchen den gemeinen und erniedrigenden Lehren des Communismus zum Opfer gefallen ist. Aber das echte Mädchen unserer Zeit ist ein sehr merkwürdiges, wenn auch nichts weniger als angenehmes Geschöpf. Haben Sie schon Fräulein Cora Delong, eine Base des Fräulein Leete, kennen gelernt?"

„Bisher ist mir das Vergnügen versagt gewesen."

„Sie werden ihr nicht entgehen," weissagte Forest mit einem heiteren Lachen. „Fräulein Cora ist eine begeisterte Vorkämpferin für die unbedingte Gleichheit von Weib und Mann. Und da manche junge Männer den jungen Mädchen ihrer Bekanntschaft den Hof machen, so hält es Fräulein Cora für recht und billig, daß sie den jungen Männern die Cour schneidet. Sie nimmt keinen Anstand, ihnen zu sagen, daß sie deren Schönheit bewundert, daß sie sie liebt, ja anbetet; sie sucht ihnen Küsse zu rauben und ladet sie zu einem Schnaps ein; so etwa, wie junge Männer die Damen ihrer Bekanntschaft zu einer Schaale Eiscreme einladen. Sie raucht Cigarren und spielt mit ihren jungen Freunden Billard, kurz, sie thut alles, den Unterschied des Geschlechts zu verwischen. Und bitter beklagen sich Cora Delong und Mädchen ihres Gleichen, daß sie nicht alle Unterschiede zwischen Männern und Frauen beseitigen können."

„Ich brenne durchaus nicht vor Verlangen, die Bekanntschaft des Fräulein Delong zu machen," gestand ich. „Und auf Grund meiner persönlichen Erfahrung muß ich sagen, daß mir die frühere Art des Haushaltens viel angenehmer erscheint. Führen aber die Frauen des zwanzigsten Jahrhunderts nicht ein viel bequemeres Leben als selbst die reichen Frauen meiner Zeit? Und wirthschaften Sie nicht mehr Arbeit aus Ihren Frauen heraus als wir? Dr. Leete sagte mir das."*)

„Dr. Leete ist ein großer Optimist; wenn immer es gilt, dem Communismus das Wort zu reden," ant=

*) Seite 266.

wortete Forest. „Es ist einfach unmöglich, mit einiger Sicherheit festzustellen, welchen Werth die Arbeit aller Mädchen und Frauen im Jahre 1887 hatte. Aber ich bezweifle die Richtigkeit der Angaben Ihres Gastfreundes, „daß wir mehr Arbeit aus den Frauen herauswirth= schaften" (wie Dr. Leete sich ausdrückt) als Sie aus den Frauen Ihrer Zeit."

„Das besondere Kochen, Waschen und Plätten am Ende des neunzehnten Jahrhunderts muß doch ent= schieden bedeutend mehr Arbeit verursacht haben als die Art und Weise, in welcher diese Verrichtungen heute besorgt werden," bemerkte ich. „Dazu kommt, daß, wie Dr. Leete versichert, heute keine Hausarbeit mehr gethan zu werden braucht."*)

„Das ist wieder einmal eine jener Behauptungen, in welchen Dr. Leete so stark ist," antwortete Forest. „Wer fegt die Zimmer, macht die Betten, reinigt die Fenster, staubt die Möbel ab und scheuert den Fuß= boden? Ohne Zweifel bildet die Familie des Dr. Leete eine Ausnahme; denn die Frauen des Arbeiter= Heeres verrichten jedenfalls die meisten, wenn nicht alle Arbeiten im Hause des einflußreichsten Vertreters der Regierung in Boston. Haben Sie jemals Frau Leete

---

*) Seite 118.

ober Fräulein Edith Hausarbeit ober überhaupt welche
Arbeit verrichten sehen?"

Ich mußte diese Frage verneinen; denn in der
That hatte ich nur gesehen, daß Edith einen Blumen-
strauß gewunden hatte. Sonstige Arbeit irgend welcher
Art hatte ich sie ober ihre Mutter nie verrichten sehen.
Wenn sie ein Mitglied des Arbeiter-Heeres war, mußte
sie eine Stellung einnehmen, in welcher ihre Arbeit
wenig Zeit in Anspruch nahm. Sie hatte mir gegenüber niemals davon gesprochen, daß ihr irgend welche
Pflichten oblägen und ich erinnerte mich recht wohl, daß
Dr. Leete gleich in den ersten Tagen meines Verweilens
in seinem Hause sagte, daß Edith eine unermüdliche
Ladenbesucherin sei,*) dadurch andeutend, daß sie viele
müßige Stunden habe.

„In den Häusern, welche die Mitglieder des Arbeiter-Heeres bewohnen, haben die Frauen keine Hülfe
von andern Mitgliedern des Hülfscorps, d. h. von den
Frauen der „industriellen Armee". Sie müssen alle die
Arbeit, welche ich erwähnte, selbst verrichten, und für
sie ist das Kochen in den großen Speisehäusern keine so
große Zeitersparniß, wie Sie zu glauben scheinen.
Diese Frauen müssen drei Mal des Tages ihre Kleider
wechseln; denn sie können nicht in dem Anzuge bei

---

*) Seite 99.

Tische erscheinen, in welchem sie Haus- oder Fabrik-
Arbeit verrichten. Und wenn sie kleine Kinder haben,
müssen sie dieselben ebenfalls dreimal sorgfältiger an-
kleiden, als dies nothwendig wäre, wenn die Kinder
daheim essen würden.

„Bei dem Kochen in den großen Speisehäusern,"
fuhr Forest fort, „wird erfahrungsgemäß mit den
Stoffen nicht gespart, und ich glaube deshalb, daß die
Massenkocherei durchaus nicht billig ist. Ferner müssen
diese großen Kosthäuser einen langen Speisezettel zu-
sammenstellen, und je mannigfacher die Kost, desto
größer ist auch die Menge der Ueberbleibsel, welche
nicht mehr verwendet werden können. — Aus den angeführten Gründen haben die verheiratheten Frauen,
welche Mitglieder des Arbeiter-Heeres sind, in der That
wenig Zeit, außer der Haushaltungs-Arbeit viel zu
schaffen, und die Mehrheit derselben würde lieber zu
Hause kochen. Sie könnten dann, während sie mit
ihrem Haushalte beschäftigt sind, die Mahlzeiten be
reiten, ohne damit mehr Zeit zu verlieren, als jetzt mit
dem Umziehen für die gemeinschaftlichen Abfütterungen.
Besonders die Familien mit vielen Kindern würden
lieber zu Hause kochen. Auch bei Krankheit in der
Familie ist es eben so schwierig, wie umständlich, in den
großen Koch- und Abfütterungs-Anstalten geeignete

Koſt für die Kranken zu erlangen. Eine Frau Hosmer
ſagte mir vor einigen Tagen, daß ſie und ihre ſieben
Kinder ſchon um manche Mahlzeit gekommen ſind, weil
es ihr nicht immer möglich war, ſich ſelbſt und ihre
ſieben Kleinen rechtzeitig friſch umzukleiden und zu
waſchen."

„Wie beſchäftigen Sie die verheiratheter Frauen?"
fragte ich.

„Dies iſt ein wunder Punkt in unſerer vielge=
prieſenen geſellſchaftlichen Ordnung," antwortete Foreſt.
„Die meiſten verheiratheten Frauen finden an der Thä=
tigkeit im Arbeiter = Heere durchaus kein Geſallen und
ſuchen ſie auf jede Weiſe zu vermeiden. Die Arbeit,
welche die Kinder veranlaſſen, und perſönliches Unwohl=
ſein werden am häufigſten als Entſchuldigungsgrund
geltend gemacht für die Abweſenheit der verheiratheten
Frauen von ihren Stellungen im Arbeiter=Heere."

„Ich glaube, daß es ſelbſt für einen Arzt ſehr
ſchwierig iſt, feſtzuſtellen, ob die vorgebrachten Ent=
ſchuldigungen begründet ſind, oder nicht," bemerkte ich.

„Ganz gewiß. In den meiſten Fällen iſt es für
den Arzt unmöglich, die Frauen zu beſchuldigen, daß
ſie Unwohlſein heucheln und dieſe Beſchuldigung zu
erweiſen," fuhr Herr Foreſt fort. „Dieſe Schwierig=
keiten, welche die verheiratheten Frauen veranlaſſen, und

die Thatsache, daß die Sorge für ihre kleinen Kinder Frauen oft Jahre lang verhindert, im Arbeiter=Heere Dienst zu thun, — diese Umstände werden von den radikalen Communisten zur Unterstützung ihrer Forderung geltend gemacht, daß die Familien=Haushaltung ganz abgeschafft werden müsse. Die Radikalen behaupten, daß ihr System ein viel gedeihlicheres sein würde, als das unsrige. Es würde viel billiger sein, Hunderte oder Tausende in einem Gebäude unterzubringen und zu beköstigen, als Häuser zu unterhalten, in welchen nur eine, zwei, oder drei Familien wohnen können. Sie behaupten ferner, daß nach Beseitigung der Ehe und nach der Einführung der „freien Liebe" als Gesetz zur Regelung des geschlechtlichen Umganges die flüchtigen Verbindungen von Mann und Weib bessere Nachzucht liefern würden, als die Ehe. Diese Kinder würden in großen Kinderbewahranstalten untergebracht werden, so daß die Mütter, von der Kinderpflege befreit, den ganzen Tag dem Dienste des Arbeiter=Heeres widmen könnten."

„Wie gemein!" rief ich. „Alle menschlichen Einrichtungen, die Beziehungen beider Geschlechter zu einander, sollen wir nur auf die Berechnung gründen, was sich am besten bezahlt! Und wir sollen die Kinder von ihrer Mutter trennen, nur weil es billiger ist, die

jungen „Zweihänder" hundertweise aufzufüttern, ob=
schon bei der Massenaufzucht die Sterblichkeit unter
denselben zehn oder zwanzig Prozent größer wäre."

„Dennoch sind die Radikalen die folgerichtigen
Denker unter den Communisten," sagte Forest. „Der
Grundstein, auf welchem der Communismus ruht, ist
die Gleichheit. Sie können die Forderung, daß die
Arbeitsergebnisse gleichmäßig getheilt werden sollen,
nur mit der Behauptung rechtfertigen, daß wir Alle
gleich sind, und wenn wir es sind, dann liegt kein
Grund vor, weshalb wir in Häusern von verschiedener
Größe und Bauart leben, weshalb wir uns nicht gleich=
mäßig kleiden und dieselben Gerichte essen sollen. Wenn
wir Alle gleich sind, dann hat Jedermann ein ebenso
gutes Recht auf die Liebe eines Mädchens, als jeder
andere Mann und eben so hat jedwedes Mädchen einen
ebenso guten Anspruch auf die Liebe eines Mannes,
als das andere. Und es giebt keinen Grund, weshalb
in einem communistischen Staatswesen das eine Kind
mehr Abwartung haben sollte, als das andere, und
weshalb die eine Mutter mehr Zeit bei ihrem Kinde
verbringen sollte, als die andere, — dadurch kostbare
Augenblicke vertrödelnd, welche der Gesammtheit ge=
hören und zum Kartoffelschälen nützlich verwendet wer=
den könnten. — Die Radikalen sind die allein wasch=
echten Communisten."

„Es kann doch nicht wohl jedes Mädchen alle Männer lieben und heirathen; ebenso wenig wie jeder Mann alle Mädchen lieben und heirathen kann," warf ich ein, etwas belustigt durch den grimmigen Hohn Forest's, obschon ein tief empfundener Widerwille gegen die von den Radikalen gepredigten scheußlichen Grundsätze meine Heiterkeit nicht recht aufkommen ließ.

„Unsere radikalen Weltbeglücker sind bis jetzt nicht im Stande gewesen, es mir ganz klar zu machen, wie sie die „freie Liebe" regeln wollen, falls von einer Regelung derselben überhaupt die Rede sein kann," antwortete Herr Forest. „Wahrscheinlich wird die Schwierigkeit, diese Frage völlig zu beleuchten, durch den Umstand erklärt, daß die Weltbeglücker unter einander noch nicht klar darüber sind, wie frei die „freie Liebe" sein soll. Einige Radikale scheinen geneigt zu sein, ein Zusammenleben zweier Personen beiderlei Geschlechts so lange zu dulden, wie die Neigung der Beiden für einander währt. Die wahrhaft aufgeklärten und folgerichtig denkenden Communisten können aber eine dauernde Verbindung nicht dulden, da sie in schroffem Widerspruch zu unserem Grundsatze der unbedingten Gleichheit steht. Wahrscheinlich werden sie sich dahin einigen, daß man sich täglich neu begattet und, damit beide Geschlechter

gleichgestellt werden, kann man den Frauen das Recht
der Auswahl an jedem Montag, Mittwoch und Frei=
tag, den Männern an jedem Dienstag, Donnerstag und
Sonnabend geben. Die Sonntage werden vielleicht
aus Höflichkeit noch den Damen zugestanden. Und
um alle Streitigkeiten für den Fall zu vermeiden, daß
eine Anzahl von Menschheitsbeglückern dasselbe Mäd=
chen wählt, oder daß mehrere Jungfrauen und Frauen
denselben Zeitgenossen heirathen wollen, kann man
Lotterien veranstalten oder die Reihenfolge „aus=
kegeln". Auch durch Skatspiel oder Würfeln läßt sich
die Reihenfolge feststellen. So wird man Allen ge=
recht!" *)

„Ich kann mir nicht vorstellen," — sagte ich, —
„wie Männer, welche das freie Denken als ein beson=
deres Vorrecht in Anspruch nehmen möchten, solche
viehischen Lebensgrundsätze entwerfen und dieselben

---

*) Den meisten Lesern wird der berühmte Naturforscher Karl Vogt
wenigstens dem Namen nach bekannt sein, der sich des Beinamens „Affen=
Vogt" erfreut, weil er die Ansicht vertrat, daß Menschen und Affen einen
gemeinsamen Stammvater haben. Karl Vogt ist der Radikalsten Einer;
aber selbst ihm gehen die modernsten Weltverbesserer zu weit. Als Anar=
chisten, Nihilisten und Communisten in der Schweiz eine Versammlung ab=
hielten, widmete Karl Vogt ihnen, wie man mir mittheilt, folgende Verse:

„Wir wollen in der Sonn' spazieren,
Wir wollen uns mit Fett beschmieren,
Und ausgelöscht sei Mein und Dein.
Wir wollen uns mit Schnaps berauschen,
Wir wollen uns're Weiber tauschen,
Wir wollen freie Männer sein."

als fortschrittlich der Menschheit empfehlen können. Das Schicksal der Frauen würde in der That beklagenswerth werden, wenn diese Grundsätze jemals den Sieg erringen sollten. „Freie Liebe" müßte die Stellung der Frauen erniedrigen, weil sie dem Manne der alternden Frau das Recht geben würde, sich von dieser zu trennen. Die Menschheit im Allgemeinen aber wäre zu beklagen, wenn die Pflege der Kinder den Müttern entrissen und andern Menschen anvertraut werden sollte."

„Ich würde es als den furchtbarsten Schlag ansehen, der jemals gegen die Menschheit geführt wurde," entgegnete Forest, „wenn die Pflege und die erste Erziehung der Kinder ihren Müttern entrissen werden sollte. Keine Frau, kein Mann, wie gut und edel sie auch sein mögen, können für ein kleines Kind die unendliche Liebe und Geduld hegen, welche das Herz einer Mutter erfüllen. Die Gefühle, welche Mann und Frau, sowie die Familie verbinden, sind selbst von den communistischen Gesetzgebern bisher geachtet worden. Die Menschheit wird in Barbarei zurückfallen an dem Tage, an welchem die Familie zerstört, die Mutter vom Kinde und der Mann von der Frau getrennt wird. Man raube der Ehe den veredelnden Einfluß, welchen das gemeinschaftliche Tragen von

Freud und Leid, der beständige Austausch aller Gedanken und Gefühle den Beziehungen beider Geschlechter zu einander verleiht, und man wird den Verkehr
von Mann und Frau zu einem wesentlich thierischen
erniedrigen. Viele der besten Eigenschaften aller
Menschen können wir zurückverfolgen zu ihrer Quelle:
der unendlichen Liebe und Geduld unserer Mütter in
ihrem Bestreben, die geliebten Kinder zu guten und
tüchtigen Menschen zu erziehen. Fast alle großen
Männer hatten gute Mütter. Nichts auf Erden kann
dem Kinde den Verlust der Mutter ersetzen; nichts
könnte die Menschheit für den wohlthätigen Einfluß
entschädigen, welchen die Mütter auf die heranwachsen-
den Geschlechter ausüben."

"Glauben Sie, daß Ihre Radikalen jemals Macht
genug erlangen werden, um die Mütter entthronen
und die Ehe abschaffen zu können?" fragte ich mit
einiger Neugierde.

Forest's Antwort lautete freudiger und zuversicht-
licher als irgend eine Aeußerung, welche ich noch von
ihm gehört hatte.

"Die Radikalen mögen sich erheben und die jetzige
Regierung niederwerfen; sie mögen mancherlei voll-
bringen, ohne viel Widerstand bei den Massen zu finden, welche das jetzige System nur eben dulden und

für dessen Vertheidigung keine großen Anstrengungen
machen werden. Aber unsere radikalen Weltverbesserer
würden sehr unangenehme Ueberraschungen erleben,
wenn sie es versuchen wollten, den Mann von seinem
Weibe, die Mutter von ihrem Kinde zu trennen. Fast
jede Mutter wird wie eine Löwin um ihre Kleinen
kämpfen, und ich kenne einen Mann, der keinen Stroh=
halm opfern möchte, um die Niederlage der jetzigen
Regierung zu hindern, der aber bis zum Tode kämpfen
würde, ehe er sich von dem Weibe seines Herzens tren=
nen ließe. Denn ein gutes, liebendes Weib ist das
Höchste, was Gott dem Manne gewähren kann, und
kein Mann von Muth und Ehre wird sich sein Weib
rauben lassen, so lange noch ein Tropfen Blut warm
durch seine Adern rollt."

Fünftes Kapitel.

„Nun, Herr Forest," sagte ich, als ich wiederum mit meinem Vorgänger in der Professur zusammentraf, „theilen Sie mir doch freundlichst mit, wie groß das Jahres-Einkommen jedes Bewohners der Ver. Staaten von Amerika ist."

„Das Einkommen wurde letztes Jahr auf $204 berechnet," antwortete Forest.

„Zweihundertundvier Dollars sagen Sie?" rief ich erstaunt. „Ist das Alles? Nach den Angaben des Dr. Leete und nach seiner Lebensweise hatte ich angenommen, daß der Betrag mindestens dreimal so groß sein müßte."

Forest lächelte. „Wie hoch war das durchschnittliche Jahres-Einkommen der Bewohner der Ver. Staaten zu Ihrer Zeit?" fragte er.

Ich mußte gestehen, daß ich keine Vorstellung davon hatte.

„Es betrug $165," sagte Herr Forest, „doppelt so viel, wie das Durchschnitts-Einkommen der Bewohner Deutschlands und Frankreichs."

Ich wurde durch diese Zahlenangaben ganz ver-

wirrt. Ich hatte mich niemals mit volkswirthschaftlichen
Ueberfichten beschäftigt und jährlich wohl zwanzigmal
$165 verausgabt. Ich erinnerte mich nur, einmal in
den Zeitungen gelefen zu haben, daß der Jahres=Ver=
dienst aller arbeitenden Männer, Frauen und Kinder
sich auf mehr als vierhundert Dollars beliefe und ich
hatte eine dunkle Vorstellung, daß das Jahresein=
kommen der Männer durchschnittlich etwa sechshundert
Dollars war. Ich theilte dies Herrn Forest mit.

„Sie haben bei Ihrer Berechnung die Frauen und
Kinder nicht berücksichtigt, welche nichts verdienten,
sondern von dem Einkommen ihrer Gatten, Väter, oder
Brüder lebten," erklärte Forest. „Ein Jahreseinkommen
von $204 für alle Männer, Frauen und Kinder würde
demnach eine erhebliche Zunahme des Volksreichthums
anzeigen, wenn die Zahl richtig berechnet wäre. Das ist
aber nicht der Fall. Um den Volkswohlstand recht groß
erscheinen zu lassen, wird der Werth aller Arbeits=
erzeugnisse viel höher angegeben, als in Ihren Tagen.
Die natürliche Folge ist, daß die Kaufkraft des Dollars
auf unseren Guthabens=Scheinen geringer ist, als der
des Dollars zu Ihren Zeiten. Ich habe die Preise aller
Lebensbedürfnisse und Luxus=Gegenstände in den Jahren
1900 und 2000 mit einander verglichen und gefunden,
daß die Preissteigerung sich auf nahezu 95 Prozent

beziffert. Das wirkliche Jahreseinkommen unserer Bevölkerung beläuft sich demnach nur auf etwa $112; es
hat also nicht um 24 Prozent zugenommen, sondern ist
um 33 Prozent geringer geworden."

„Wie erklären Sie diese auffälligen Angaben?"
fragte ich.

„Diese Frage ist leichter gestellt, als beantwortet,"
meinte Forest.

„Ich bin sehr gespannt auf Ihre Erklärung," bemerkte ich. „Dr. Leete hat so viele annehmbare Gründe
gegeben für die „Armuth, welche eine Folge unseres
merkwürdigen Arbeits=Systems war,"*) daß ich von
dem größeren Reichthum Ihres Volkes ganz überzeugt
wurde. Er erwähnte die häufigen schlechten Unternehmungen im neunzehnten Jahrhundert, den wahnsinnigen Wettbewerb, die öftere Zubielerzeugung von
Werthen aller Art, mit darauffolgenden Arbeits=
stockungen, den Verlust durch unbeschäftigtes Kapital
und müßige Arbeitskraft,†) und er hob besonders
hervor, daß von fünf Unternehmungen im neunzehnten
Jahrhundert vier fehlschlugen, ehe eine erfolg=
reich war."**)

„Ja! Ich kenne die Ansichten und Gründe, welche
Dr. Leete geltend macht, aus seinen gelegentlichen

---

*) Seite 42.   †) Seiten 229 und 230.   **) Seite 230.

Reden, sowie aus den Aufsätzen, die er zuweilen für Regierungs=Zeitungen liefert," entgegnete Forest. „Und er hat unzweifelhaft noch andere Ursachen geltend ge= macht, welche die Arbeit Ihrer Zeit schädigten. Wahr= scheinlich hat er Sie auch aufmerksam gemacht auf die Kosten, welche das Heer und die Flotte veranlaßten, sowie die Zoll= und Steuer=Beamten, die Steuer=Ein= schätzer und Einnehmer, die vielen Richter und andere Beamte, welche Sie brauchten. Er wird auf die viele Arbeit verwiesen haben, welche das Waschen und Kochen in den einzelnen Haushaltungen verursachte, sowie auf die große Anzahl von Zwischenhändlern, welche die Waaren durch ihre Hände gehen ließen, ehe die Arbeits=Erzeugnisse von den Arbeitern zu Denjenigen gelangten, welche sie gebrauchten. Und Dr. Leete wird auch die Rechtsanwälte, Bankiers sowie deren Gehülfen erwähnt haben, welche zwar in ihrer Art arbeiteten, aber keine Werthe hervorbrachten. Alle die Arbeits= kräfte, welche in jenen Berufszweigen beschäftigt waren, sind jetzt dem Arbeiter=Heere einverleibt worden."

„In der That," sagte ich, „Dr. Leete hat die meisten Ursachen für die Armuth unseres Zeitalters, welche Sie da namhaft machten, mir aufgezählt. Und da jene Uebel jetzt wegfallen, erscheint es mir ganz natürlich, daß unter Ihrem Arbeits=System das durchschnittliche

Jahres=Einkommen des Volkes ein größeres sein muß,
und es wundert mich nur, daß die Zunahme des Wohl=
standes nicht noch größer ist."

„Ich werde keine Zeit damit verschwenden," begann
Forest wieder, „eine eingehende Untersuchung darüber
anzustellen, wie groß der Verlust war, welcher aus all'
jenen Ursachen für die Arbeit des neunzehnten Jahr=
hunderts entstand. Es scheint mir aber, daß Sie die
Wirkung derselben überschätzen. Unglückliche Specu=
lationen schädigten beispielsweise allerdings die Unter= .
nehmer, aber in den meisten Fällen erzeugten sie doch
Werthe, welche den Volksreichthum vermehrten und
schließlich Anderen zu Gute kamen. Der „wahnsinnige
Wettbewerb" dagegen machte die Waaren billiger, ver=
mehrte dadurch deren Verbrauch und dadurch wieder
deren Herstellung und gereichte somit der Menschheit
doch auch wieder zum Nutzen. Die Behauptung, daß
vier Unternehmungen im neunzehnten Jahrhundert
fehlschlugen, ehe eine Erfolg hatte, ist eine jener An=
gaben des Dr. Leete, welche der vereinte Glaube von
zehn der stärksten Männer nicht verdauen könnte. Sie
müssen selbst am besten beurtheilen können, daß das eine
unsinnige Uebertreibung ist."

„Die Ersparnisse, welche aus dem gemeinschaftlichen
Kochen entstehen, haben wir bereits untersucht," fuhr

Forest fort. „Wenn in der That ein Vortheil daraus entsteht, so ist er in den Städten gering, auf dem Lande noch geringer und keinenfalls bietet er Entschädigung für den Verlust an häuslichem Behagen, welcher daraus entsteht. Ferner müssen wir berücksichtigen, daß viele Richter, Rechtsanwälte, Bankiers, Beamte und Zwischen=händler, sowie deren Gehülfen Männer waren, welche das einundzwanzigste Lebensjahr noch nicht erreicht, oder das fünfundvierzigste Lebensjahr bereits zurück=gelegt hatten. Diese Leute, welche außerhalb des Dienst=alters des Arbeiter=Heeres standen, sind also abzu=rechnen von denjenigen, deren unproductive Thätigkeit als ein Verlust angesehen werden muß.‟

„Dennoch müssen die Verluste, welche aus schlecht angelegtem Capital und schlecht geleisteter Arbeit, sowie aus vielen andern Ursachen entstanden, ganz ungeheuer gewesen sein,‟ sagte ich. „Und diese Verluste machen die große Armuth des Volkes am Ende des vorigen Jahrhunderts sehr erklärlich.‟

„Unzweifelhaft würde dem so sein,‟ meinte Forest, „wenn nicht andere Ursachen für eine Abnahme unserer Leistungsfähigkeit wirksam wären. Aber solcher Ursachen giebt es mehrere und Sie werden deren Trag=weite wohl erkennen, wenn ich Sie darauf aufmerksam mache. Die Hauptursache, welche den beständigen

Rückgang in der Menge, wie in der Güte unserer Arbeitserzeugnisse verschuldet, liegt in der Beseitigung des Wettbewerbes. Diese Riesenkraft war es, welche während der ersten neunzehn Jahrhunderte christlicher Civilisation Jedermann antrieb, seine besten Geistes= und Körperkräfte einzusetzen. Seit aber der Communismus eingeführt worden ist, seitdem der faulste Arbeiter ebenso viel erhält, wie der fleißigste, d. h. seitdem der Fleißige zu Gunsten des Faulen um einen Theil seiner Arbeitsergebnisse beraubt wird, seitdem Jedermann sicher ist, einen gleichen Antheil von den Arbeitsergebnissen zu erhalten, gleichviel ob er viele und gute, oder wenige und schlechte Arbeit geliefert hat, — seitdem werden die Massen des Volks von Jahr zu Jahr gleichgültiger und träger. Sie setzen nicht mehr ihre besten Kräfte ein, um gute und viele Arbeit zu liefern. Sie machen sich das Leben bequem. Die geistigen wie die körperlichen Fähigkeiten sind in beständiger Abnahme begriffen. Das Volk der Ver. Staaten, einst berühmt wegen seiner Findigkeit und Thatkraft, entartet. Die Beförderung der Tüchtigsten hätte vielleicht als Sporn dienen können, hätte nicht die Günstlingswirthschaft der Politiker alle guten Stellungen für die Verwandten jener Drahtzieher in Anspruch genommen, welche die Helfershelfer der Regierung sind.

„Ein anderer Grund für die Abnahme des Volks= wohlstandes ist die Verkürzung der Arbeitszeit, sowohl der Jahre, wie der täglichen Arbeitsstunden. Es ist sehr schwierig festzustellen, wie viele Menschen beiderlei Geschlechts in den verschiedenen Lebensaltern zu Ihrer Zeit in nutzbringender Thätigkeit beschäftigt waren. Die letzte Volkszählung, welche in den Ver. Staaten veranstaltet wurde, ehe Sie in Ihren hundertjährigen Schlaf fielen, fand im Jahre 1880 statt. Der Bericht ist ein sehr ausführlicher sowohl in Bezug auf die Zahl der Leute verschiedenen Lebensalters, sowie auch in Hinsicht auf ihre Abstammung u. s. w. Aber in Bezug auf das Alter der Arbeiter giebt der Bericht nur drei Abtheilungen. Die erste umfaßt alle Leute unter 15 Jahre, die zweite alle Menschen zwischen 16 und 59 und die dritte alle Arbeiter über 60 Jahre. Von Mädchen und Knaben unter 15 Jahren wurden 1,118,356 beschäftigt; im Alter von mehr als 60 Jahren 1,004,517 Leute, von welchen 70,873 Frauen waren. Von 50,155,783 Bewohnern der Ver. Staaten gehörten nicht weniger als 17,392,099 dem Arbeiter= Heere an, wovon 2,647,157 weiblichen Geschlechts waren, die Dienstmädchen eingerechnet.

„Ich erinnere mich, diese Zahlen gelesen zu haben," bemerkte ich.

„Der Census von 1880 zeigt also, daß über 12 Prozent der Bevölkerung in den Ver. Staaten, welche zur Arbeiter-Armee gehörten, unter 15 oder über 60 Jahre alt waren," rechnete Forest weiter. „Das ist allerdings ein recht trübseliger Ausweis. Mädchen und Knaben unter 15 Jahren sollten noch Schulen besuchen und Leute, welche das sechzigste Lebensjahr zurückgelegt haben, sollten ein genügendes Auskommen besitzen und nicht mehr zur Arbeit gezwungen sein. Darüber kann aber kein Zweifel bestehen, daß am Ende des letzten Jahrhunderts das Arbeiterheer verhältnißmäßig viel stärker war, als es heute ist. Denn nach der Zählung von 1880 lebten in den Ver. Staaten 15,527,215 Menschen im Alter von 21 bis 45 Jahren, das Arbeiterheer zählte aber 17,392,099 Menschen; mithin beschäftigten Sie 2,173,184 Leute mehr, als sich in dem Alter befanden, welches wir zum dienstpflichtigen gemacht haben. Dabei wäre dann angenommen, daß alle Leute, welche sich bei uns im dienstpflichtigen Alter befinden, auch wirklich Dienst thun; was aber bekanntlich nicht der Fall ist. Denn die Kranken, die Blödsinnigen, die Krüppel, die Mütter kleiner Kinder und Andere verrichten keine Arbeit im Heere. Sie werden hiernach zugestehen müssen, daß Ihre Zeitgenossen eine verhältnißmäßig viel größere Arbeiter-Armee aufstellten, als wir dies thun."

„Das scheint mir unbestreitbar zu sein," antwortete ich.

Forest zog nun ein Blatt Papier aus der Tasche und rechnete weiter: „Hier ist ein Verzeichniß aller derjenigen Berufszweige, welche ich dem Census von 1880 entnommen habe und welche Sie als unproductiv bezeichnen können. Ich habe manche Thätigkeiten als unproductiv angeführt, über deren Nützlichkeit und selbst Nothwendigkeit sich streiten ließe. Viele dieser Leute haben durch ihre Arbeit zum mindesten solchen Menschen Zeit gespart, welche Werthe hervorbrachten. Manche Frauen hätten sich vielleicht nicht als Künstlerinnen, Sängerinnen oder dergleichen ausbilden lassen und später in ihrem Berufe wirken können, wenn sie nicht Hülfe im Haushalte gefunden hätten. Diese Dienstboten eingeschlossen, waren aber im Jahre des Herrn 1880 in den Ver. Staaten 1,654,319 Menschen mit Arbeiten beschäftigt, welche Dr. Leete als unproductiv bezeichnen würde. Wenn wir diese 1,654,319 Menschen von den 2,173,084 Leuten abziehen, welche Sie über die Zahl der im dienstpflichtigen Alter befindlichen Personen hinaus dem Arbeiter=Heere eingereiht hatten, so stellten Sie immer noch 518,765 mehr Leute, als 1880 in den Ver. Staaten im Alter zwischen 21 und 45 Jahren lebten."

Ich ermunterte Herrn Forest, in seinen Auseinan=
dersetzungen fortzufahren und er sagte:

„Sie hatten also im Jahre 1880 unzweifelhaft
viel mehr Leute in nutzbringender Thätigkeit beschäftigt
(im Verhältniß zu Ihrer Bevölkerungszahl natürlich)
als wir. Nun bedenken Sie noch, daß die Arbeiter
Ihrer Tage sämmtlich durch den Wettbewerb ange=
spornt wurden, daß sie danach strebten, einmal unab=
hängig zu werden, um ein sorgenfreies Alter genießen
zu können und daß sie zur Erreichung dieses Zieles ihre
besten Kräfte einsetzten. Ihre Zeitgenossen arbeiteten
also mehrere Jahre länger als wir, die tägliche
Arbeitszeit war eine längere, der Sporn des Wett=
bewerbes wirkte mächtig auf Alle ein und so war es
denn nur natürlich, daß zu Ihrer Zeit verhältnißmäßig
viel mehr und viel bessere Arbeit geliefert wurde, als
heutzutage."

„Das werde ich wohl zugeben müssen," sagte ich.

„Und die Art unserer Gesellschafts = Ordnung
drängt immer mehr darauf hin, daß die Arbeitszeit
noch weiter verkürzt werde und daß die Arbeits=
ergebnisse noch geringer und schlechter werden, als sie
schon sind," setzte Forest seine Darlegung fort. „Da
sind zum Beispiele die Bauern, welche mit der jetzigen
Gesellschafts=Ordnung so unzufrieden wie möglich zu

sein scheinen. Sie beklagen sich bitter darüber, daß sie in Bezug auf die Anlage von Theatern, Museen, Conzert-Hallen und anderen öffentlichen Anstalten gegen die Bewohner der Städte zurückgesetzt werden. Auch behaupten unsere Bauern, daß ihre Arbeit viel schwerer sei, als die der Städter. Die Folge der Unzufriedenheit war ein Andrang der Landbevölkerung nach den Städten, der viel größer ist, als der, über welchen schon zu Ihrer Zeit geklagt wurde. Das Land würde sehr bald an allen Ackerbau-Erzeugnissen Mangel gelitten haben, wenn die Regierung dem Andrange des Landvolks nach den Städten nicht Einhalt gethan hätte. Aber man hieß die Ankömmlinge nicht willkommen. Es wurde ihnen einfach befohlen, Landarbeit zu thun. Damit war ihrem Wunsche, in der Stadt zu leben, ein Ende gemacht; aber auch ihrem Ehrgeiz und ihrem Arbeitstriebe. Die Landleute sind jetzt davon überzeugt, daß ihnen andere Stellungen verschlossen sind, daß sie Zeit ihres Lebens die Acker bauen müssen und daß die Städter auf ihre Kosten ein besseres Leben führen. Die Folge ist, daß sie so wenig und schlecht wie möglich arbeiten und daß die Ackerbau-Erzeugnisse immer weniger werden. Schon wiederholt haben Leute aus der zweiten Abtheilung des dritten Grades der städtischen Zünfte als Hülfsarbeiter auf das Land

geschickt werden müssen, um eine Hungersnoth abzu=
wenden."

„Theilen Sie mir das Schlimmste mit," sagte ich
mit einem erzwungenen Lächeln; denn ich sah das
herrliche Luftschloß, welches Dr. Leete vor mir errichtet
hatte, unter dem Artillerie=Feuer der Forest'schen Logik
zusammenstürzen. „Wir haben gesehen," nahm Forest
den Faden seiner Auseinandersetzungen wieder auf,
„daß das Arbeiter = Heer im Jahre 1880 verhältniß=
mäßig viel stärker war, als das unsrige ist, daß die
Arbeitszeit eine längere war, und daß die Arbeiter
durch den Wettbewerb angeregt waren, ihre ganze
Leistungsfähigkeit zu entwickeln. Sie müssen aber auch
berücksichtigen, daß wir eine ungeheure Arbeitskraft mit
der Aufsicht und mit der Buchhalterei vergeuden. Ihr
Kleinhandel wurde größtentheils gegen Baarzahlung
betrieben und die kleinen Geschäftsleute besorgten ihre
geringe Buchhalterei Abends nach Schließung ihrer
Läden. Wir dagegen haben für jeden Mann, für jede
Frau und für jedes Kind ein „Soll und Haben" in
den Büchern der Regierung eingerichtet*). Wir haben
eine Kanzlei, welche Buch führt über alle Besuche aller
Aerzte.†) Wir haben eine andere Kanzlei, wo Buch
geführt wird über die Hülfe, welche Jemand von der

---

*) Seite 87.   †) Seite 122.

Arbeiter-Armee in Anspruch nimmt; sei es für Hausarbeit oder für andere Zwecke.　Dort wird das Conto
desjenigen belastet, welcher die Hülfe in Anspruch
nimmt und das Conto desjenigen wird creditirt, der die
Hülfe leistet.*)　Wir haben Kanzleien für jeden
Zweig der menschlichen Arbeit und dieselben dürfen als
Musteranstalten für die beste Art gelten, in welcher
eine Regierung menschliche Arbeitskraft vergeuden kann.
Das ganze Feld der producirenden Arbeit ist, wie Sie
wissen, in zehn große Abtheilungen abgegrenzt worden.
Jede dieser letzteren umfaßt eine Gruppe verwandter
Thätigkeitszweige.　Jede dieser Unterabtheilungen hat
wiederum ihre eigne Kanzlei und diese Kanzlei führt
genau Buch über Alles was in der betreffenden Zunft
geschieht, über vorhandene Betriebsmittel, die geleistete
Arbeit und so weiter, sowie über die jetzige Leistungsfähigkeit und über die Möglichkeit, letztere zu erhöhen.
Eine besondere Abtheilung, welche den Waarenversandt
besorgt, ermittelt auch den muthmaßlichen Verbrauch
und nachdem diese Ermittelungen von der Regierung
gut geheißen worden sind, erhält jede der zehn großen
Abtheilungen ihre Arbeit zugetheilt, diese zehn Abtheilungen vergeben die Arbeit an die einzelnen Zünfte
und diese setzen ihre Leute in Thätigkeit.　Jede Kanzlei

*) Seite 120.

ist für die ihr gewordenen Aufträge verantwortlich und ist mit einem Aufsichtsrecht verbunden, welches streng durchgeführt wird.   Das Vertheilungs = Departement nimmt auch die ihm gelieferten Waaren nicht ohne genaue Besichtigung an, und so genau ist die Durch= führung, daß ein Gegenstand, der sich in den Händen des Verbrauchers als unbefriedigend erweist, bis zu seinem Entstehungsort zurückverfolgt werden kann.*)

„Diese ungeheure Buchhalterei und Aufseherei, welche die Regierung in den Stand setzt, die Arbeiter zu ermitteln, welche eine schadhafte Nadel oder eine schlechte Cigarre gemacht haben, ermöglicht es ihr auch, für ihre Günstlinge zahllose gute Stellungen offen zu halten; aber die Productionskraft des Volkes und die Menge der erzeugten Werthe werden natürlich dem= entsprechend vermindert.   Dazu kommt, daß die Zahl der Verbraucher größer ist als früher.“

„Wie erklären Sie das?“ fragte ich.

„Hat Dr. Leete Ihnen nicht mitgetheilt, daß Leute von durchschnittlicher Körpergesundheit jetzt meist 85 bis 90 Jahre alt werden?“ †)

„Allerdings.“

„Nun wohl.   Dies erklärt die vermehrte Anzahl von Verbrauchern, welche sämmtlich ihren vollen Antheil

---

*) Seite 182 und 183.   †) Seite 197.

an den Arbeitserzeugnissen in Gestalt eines Guthabens=
Scheins beanspruchen," erklärte Forest. „Die Leute
leben heut länger, als Ihre Zeitgenossen. Sie machen
sich das Leben bequem und während die Geistesschärfe,
die Thatkraft und der Unternehmungsmuth beständig
abnehmen, vegetirt der Körper länger."

„Endlich gestehen Sie doch einmal eine Errungen=
schaft des jetzigen Systems zu," rief ich.

„Wenn das überhaupt eine Errungenschaft ist,"
meinte Forest, „auf Kosten des geistigen Lebens und
Wirkens eine Lebensverlängerung des verdummenden
Menschen zu erzielen." —

Und nach einer kurzen Pause schloß Forest seine
Auseinandersetzungen über die communistische Gesell=
schaftsordnung am Ende des zwanzigsten Jahrhunderts
folgendermaßen:

„Ich glaube nachgewiesen zu haben, daß unser
Staatswesen mit seinen auf die angebliche Gleichheit
aller Menschen begründeten Einrichtungen ein Fehl=
schlag ist, daß die in der Natur begründete Ungleichheit
jetzt in mancher Hinsicht viel drückender ist, als zu
Ihrer Zeit, daß Günstlingswirthschaft und Corruption
heut ebenso wuchern, wie vor 113 Jahren, daß von
persönlicher Freiheit fast keine Spur mehr vorhanden
und an deren Stelle eine unerträgliche Knechtschaft

verbunden mit Kriecherei und Augendienerei gegenüber
den Vorgesetzten getreten ist, daß die Angehörigen des
Arbeiter=Heeres, des Stimmrechts beraubt, der Gnade
oder Ungnade ihrer Offiziere preisgegeben sind, daß
diejenigen Mitglieder der „industriellen Armee," welche
als Gegner der Regierung gelten, ein elendes Leben
führen müssen, das man wohl als „eine vierund=
zwanzigjährige Höllenpein auf Erden" bezeichnen kann,
und daß die Abschaffung des Wettbewerbes sowohl einen
Rückgang der Geisteskräfte, wie des Volkswohlstandes
zur Folge hatte. In der That haben die Beseitigung
des Wettbewerbes, die Abkürzung der Arbeitsjahre so=
wohl wie der Arbeitsstunden und die Erschaffung zahl=
loser Sinecuren für faullenzende Günstlinge und
Maitressen der einflußreichen Politiker die Production
dermaßen vermindert, während die Zahl der Ver=
braucher sich beständig vermehrt hat, daß unser durch=
schnittliches Jahreseinkommen heut kaum noch größer
ist, als das eines gewöhnlichen Arbeiters Ihrer Tage.
Es gewährt uns nur ein sehr mäßiges Auskommen.
Und es kann meiner Ansicht nach keinem Zweifel unter=
liegen, daß die Menschheit, wenn sie unter diesem
System weiter lebt, in einigen Jahrhunderten in Bar=
barei zurückversinken muß."

9

Siebentes Kapitel.

„Sie waren so liebenswürdig, mir Ihre Ansichten über die jetzige Gesellschafts=Ordnung vorzutragen," begann ich meine nächste Unterredung mit Herrn Forest; „Sie haben aber auch gelegentlich die Meinung ge= äußert, daß die Gesellschaft am Schlusse des neunzehnten Jahrhunderts mancherlei Verbesserungen bedurfte. Würden Sie mir wohl jetzt mittheilen, durch welche Maßregeln Sie den Uebeln meines Zeitalters entgegen gewirkt hätten?"

Forest lächelte. „Ich halte mich nicht für einen Weltverbesserer, der die Menschheit und deren Einrich= tungen vollkommen machen kann. Vergessen Sie nie= mals, daß wir Alle mit Wasser kochen müssen; d. h. daß Alles, was wir unvollkommenen Menschen leisten können, den Stempel menschlicher Unvollkommenheit an sich tragen muß. Wie jeder denkende Mensch habe auch ich meine Ansichten über die gesellschaftlichen Einrich= tungen, und wenn Sie diese Ansichten hören wollen, will ich sie Ihnen gern mittheilen."

„Ich bitte darum."

„Was viele Leute die soziale Frage nennen, ist

unlösbar," begann Forest. „Die von der Natur be=
gründete Verschiedenartigkeit wird sich bei den Menschen
stets fühlbar machen. Jeder Versuch zur Gleich=
macherei muß fehlschlagen. Es wird stets kluge und
dumme, fleißige und faule Leute geben. Tüchtige
Frauen und Männer werden nie damit zufrieden sein,
daß man die Arbeitsergebnisse gleichmäßig vertheilt und
ihnen dadurch einen Theil der Frucht ihrer Thätigkeit
raubt. Werden aber die Arbeitserzeugnisse nach Ver=
dienst vertheilt, so werden viele Derjenigen, welche
weniger erhalten, unzufrieden sein. Deshalb ist es
unmöglich, alle Menschen zufrieden zu stellen; gleichviel,
wie die Früchte der Arbeit vertheilt werden. Aber die
Unmöglichkeit, Jeden ganz zufrieden und glücklich zu
machen, entbindet uns nicht von der Verpflichtung, mit
allen Kräften eine Verbesserung unserer Zustände zu
erstreben."

„Ich begreife Ihre Stellung. Aber lassen Sie
mich hören, welche Verbesserungen Sie vorgeschlagen
haben würden, wenn Sie am Schlusse des letzten Jahr=
hunderts gelebt hätten."

„Die Gesellschaft Ihrer Tage krankte vornehmlich
an der planlosen Arbeitsweise, an der Monopolwirth=
schaft, welche die Anhäufung riesiger Reichthümer er=
möglichte, und an einem einsichtslosen Arbeiterstande,

der sich lieber der Ausbeutung unterwarf, oder die Thä=
tigkeit ganz einstellte, anstatt einfach durch Begründung
von Arbeiter=Genossenschaften nach und nach alle Zweige
menschlicher Thätigkeit auf Gegenseitigkeit zum Besten
der Arbeitenden zu übernehmen. Ein großer Uebel=
stand war auch die Ungerechtigkeit Ihrer Besteuerung.

„Auf fast allen Gebieten menschlicher Thätigkeit
wurden Werthe erzeugt, ohne daß Jemand eine klare
Vorstellung von dem wirklichen Verbrauche hatte. Die
Landwirthschaft lieferte alljährlich einen großen Ueber=
schuß ihrer Erzeugnisse und letztere waren daher meist
so billig, daß die Bauern ein ziemlich kümmerliches
Leben führen mußten. Viele Fabriken arbeiteten Tag
und Nacht, bis der Markt mit ihren Waaren überfüllt
war. Dann wurden diese zu jedem Preise losge=
schlagen, manchmal unter den Herstellungskosten, zahl=
reiche Bankerotte folgten, die Fabriken wurden
geschlossen und die Fabrikanten, wie Ihre Arbeiter,
erlitten schwere Verluste durch ihre unfreiwillige Unthä=
tigkeit, bis der Ueberschuß an Waaren aufgebraucht
war. Dann begann auf's Neue eine fieberhafte
Thätigkeit.“

„Wie würden Sie diese Uebelstände bekämpft
haben?“ fragte ich.

„Ein Bundes=Amt hätte feststellen müssen, wie

groß der durchschnittliche Jahres-Verbrauch der ver=
schiedenen Lebensbedürfnisse war und wie sich die
Leistungsfähigkeit der betreffenden Berufszweige zur
Erzeugung solcher Waaren zum Verbrauch verhielt."

„Und was dann? Hätte dann die Regierung den
verschiedenen Berufszweigen einen Auftrag zur Her=
stellung gewisser Erzeugnisse geben sollen? Und wie
hätten diese Aufträge so vertheilt werden können, daß
die Arbeiter damit zufrieden gewesen wären?"

„Die Bundes = Regierung hätte einfach den
Jahres-Verbrauch der verschiedenen Waaren und die
Leistungsfähigkeit der Berufszweige zur Erzeugung der
erforderlichen Waaren feststellen sollen. Sache der
Berufsgenossenschaften wäre es dann gewesen, die
Produktion zu regeln. Solche Ermittelungen der
Regierung, welche den ungefähren Bedarf feststellten,
hätten der arbeitenden Menschheit eine ziemlich klare
Vorstellung von ihren Aufgaben gegeben. Jeder
Berufszweig hätte sich organisiren, Vertreter zu einer
National=Convention wählen und auf dieser die Arbeit
vertheilen können. Die Arbeit in's Blaue hinein, die
Ueberfüllung der Märkte mit in's Massenhafte erzeug=
ten Waaren, hätte so vermieden werden können; und
doch wäre der Wettbewerb, sowohl zwischen den
verschiedenen Fabriken, wie zwischen den einzelnen

Arbeitern a u f r e c h t e r h a l t e n worden, der Wett=
bewerb, durch den allein tüchtige und reichliche Arbeits=
leistungen erzielt werden."

„Wenn aber trotzdem mehr Waaren hergestellt
worden wären, als verbraucht wurden," wandte ich ein.

„Das würde natürlich der betreffende Berufszweig
verschuldet haben und die übeln Folgen würden auf ihn
gefallen sein," entgegnete Forest.

„Angenommen aber, daß sämmtliche Angehörige
eines Gewerbes sich zu dem Zwecke verständigt hätten,
für ihre Erzeugnisse einen unverhältnißmäßig hohen
Preis zu verlangen und das zu bilden, was man zu
meiner Zeit einen „Trust" nannte", fragte ich. „Wie
wären Sie einer solchen Ausbeutung des Volkes be=
gegnet?"

„Ein Bundesgesetz hätte das Volk gegen jeden
solchen Raubversuch schützen können, welches verordnete,
daß alles Eigenthum der an solchen Raubplänen be=
theiligten Leute, Genossenschaften und Gesellschaften
von den Vereinigten Staaten beschlagnahmt und an den
Meistbietenden verkauft werden solle, sobald ein an=
nehmbares Gebot erfolge. Bis dahin hätte die Regie=
rung durch Verwalter den Betrieb besorgen lassen oder
letzteren einstellen können. Die Einfuhr hätte unter
Umständen den Bedarf gedeckt bis der volle Betrieb
wieder aufgenommen worden wäre."

„Und wie würden Sie die vielen Arbeitseinstel=
lungen gehindert haben, welche die Erwerbsthätigkeit
unserer Tage so oft störten?" fragte ich weiter.

„Durch Ermuthigung der Arbeiter zur Begründung
von Productiv=Genossenschaften," antwortete Forest.
„Ich habe bereits auseinander gesetzt, wie leicht solche
Theilhaberschaften begründet werden konnten. Ein
Dutzend Schneider oder Schuhmacher konnten einen
Flur mit Dampfkraft miethen, einige Näh= und sonstige
Maschinen anschaffen und ihre Arbeitserzeugnisse dann
unmittelbar an andere Arbeiter verkaufen. Dadurch
hätten sie sich den Gewinn der Fabrikanten, Großhänd=
ler, Kleinhändler und Arbeiter gesichert, d. h. allen
Gewinn, der überhaupt in ihren Erzeugnissen steckte.
Und es gab im Jahre 1887 kein Gesetz, welches die
Arbeiter hinderte, derartige Productiv=Genossenschaften
zu begründen, oder ihre Bedürfnisse an Kleidern,
Schuhwerk, Möbeln u. s. w. nur von Productiv=Ge=
nossenschaften zu kaufen. Die Fabrikanten würden,
sobald es offenbar geworden, daß die Arbeiter nur von
Productiv=Genossenschaften kaufen wollten, sehr gern
bereit gewesen sein, ihre Einrichtungen billig herzu=
geben, billiger, als die neuen Gesellschaften sie hätten
einrichten können. Ich meine, es müsse kein Vergnügen
gewesen sein, zu ihrer Zeit ein Geschäft zu leiten, in

welchem viele Leute arbeiteten. Denn die vielen Arbeits=
einstellungen müssen es den Geschäftsleitern fast unmög=
lich gemacht haben, Voranschläge für das nächste Jahr
zu berechnen, oder Contracte abzuschließen. Deshalb
würden, wie ich mir vorstelle, die Eigenthümer von
Fabriken froh gewesen sein, wenn sie ihre Einrichtungen
zu einigermaßen günstigen Preisen hätten verkaufen
können. Und die Arbeiter hätten nichts Gescheuteres
thun können, als die Fabrikanten zu veranlassen, die
Leitung der Geschäfte gegen eine angemessene Bezahlung
weiter zu führen. Dies würde den ferneren erfolg=
reichen Geschäftsbetrieb wesentlich erleichtert haben.
Bei einem solchen Abkommen würden die Arbeiter durch
monatliche Abschlagszahlungen Eigenthümer geworden
sein, sie würden sich dadurch die volle Bezahlung für
ihre Arbeit gesichert haben, der frühere Eigenthümer
hätte für seine Einrichtungen einen angemessenen Preis
erhalten, wäre aller Sorgen ledig und erhielte für seine
Arbeit auch eine angemessene Bezahlung."

"Ich glaube, daß den meisten Fabrikanten und
Geschäfts=Leuten meiner Zeit durch die unaufhörlichen
neuen Forderungen und Streiks ihrer Leute die Leitung
großer Unternehmungen so verekelt war, daß sie ihren
Besitz gern verkauft hätten," bemerkte ich. "Aber was
wäre aus den Groß= und Kleinhändlern geworden?"

„Sie hätten ihre Waaren verkaufen und sich dann entweder einer Genossenschaft anschließen oder den Laden einer solchen verwalten können. Auch stand es ihnen frei, sich eine andere Berufsthätigkeit zu suchen," entgegnete Forest. „Die Arbeiter Ihrer Tage hätten in der angedeuteten Weise einen Berufszweig nach dem andern auf genossenschaftlicher Grundlage organisiren können, bis die gesammte Industrie durch große, in National = Verbände vereinte, Genossenschaften betrieben worden wäre."

„Aber unsere Arbeiter wollten die Verantwortlichkeit, die Sorgen und die Wagnisse nicht übernehmen, welche von der Führung eines eigenen Geschäftes unzertrennlich sind. Sie zogen es vor, für Lohn zu arbeiten und versuchten es, diesen von Zeit zu Zeit zu erhöhen, indem sie die Arbeit einstellten und andere Leute verhinderten, die Plätze der Streiker einzunehmen," sagte ich. „Ihnen sind diese Verhältnisse jedenfalls bekannt."

„Allerdings," erwiderte Forest, „und es muß auf den unbetheiligten Beobachter einen trübseligen Eindruck gemacht haben, daß tüchtige Arbeiter, die ihr Geschäft gründlich verstanden, anstatt auf gemeinschaftliche Kosten eigene Geschäfte zu begründen, Lohnarbeiter blieben und aus ihren Arbeitgebern mehr Geld zu erpressen versuchten, als diese zahlen wollten oder konnten, dabei andere Leute gewaltsam verhindernd, für den vom Fabrikanten bewilligten Lohn zu arbeiten. Der Umstand, daß die Arbeiter am Ende des neunzehnten Jahrhunderts nicht Unternehmungsmuth, geistige Befähigung und Unabhängigkeitssinn genug besaßen, für eigne Rechnung zu arbeiten, hat die menschliche Gesellschaft in den Communismus gestürzt. Daß diese fluchwürdige Staatsform ein kläglicher Fehlschlag werden mußte, war eine aus der menschlichen Natur erwachsende Nothwendigkeit. Ein Geschlecht, welches noch auf einem so niedrigen Standpunkte der Entwicklung stand, daß die Schuhmacher nicht einmal thatkräftig und klug genug waren, für eigene gemeinschaftliche Rechnung Schuhe und Stiefel zu machen, sondern viel lieber „Lohnsclaven" blieben, streikten und andere Arbeiter prügelten, welche für den gebotenen Lohn arbeiten wollten; ein so kümmerliches Geschlecht war natürlich geistig durchaus unfähig, ein Staatswesen zu bilden, welches alle menschliche Thätigkeit und den Verbrauch aller Arbeitserzeugnisse regelt."

„Jedenfalls ist die Thätigkeit der Arbeiter auf gemeinschaftliche Rechnung die vernünftigste Lösung dessen, was viele Arbeiter auch heut noch die soziale Frage nennen," fuhr Forest fort, nachdem er eine kurze Pause

gemacht hatte. „Solche Genossenschaften sichern den
Arbeitern den vollen Lohn für ihre Thätigkeit und erhalten den Wettbewerb aufrecht, die mächtige Triebkraft
zur Entwicklung der Menschheit. Ob wir aber die'e
Lösung der Arbeiter-Frage erleben werden, erscheint
sehr zweifelhaft."

„So weit die in Fabriken und Werkstätten beschäftigten Arbeiter in Frage kommen, erscheint mir ihr
Vorschlag in der That recht gut," gab ich zu. „Wie
würden Sie aber die Arbeit auf dem Lande geregelt
haben, die Thätigkeit der Aerzte und Rechtsanwälte,
der Eisenbahn-Beamten und -Arbeiter, der Angestellten
an den Straßenbahnen, der Kaufleute, Bankiers und
vieler anderer Berufszweige?"

„Laſſen Sie uns schrittweise vorgehen," entgegnete
Foreſt lächelnd. „Beschäftigen wir uns zunächst mit
der agrarischen Frage, welche seit Menschengedenken
jeder Umgestaltung der Gesellschaft die größten Schwierigkeiten bereitet hat. Unter der jetzigen communistischen Wirthschaft hegen die Ackerbauer nur wenig Liebe
für den Boden, den sie bewirthschaften. Das Land gehört ihnen eben so wenig, wie das, was sie demselben
abgewinnen. Sie glauben, daß· sie für die Städter
arbeiten müssen, welche auf Kosten der Landbevölkerung
bevorzugt würden. — Hätte man mich am Ende des

neunzehnten Jahrhunderts gefragt, wie ich die Land=
frage behandeln wolle, so würde ich ein Gesetz befür=
wortet haben, nach welchem Niemand mehr als 40 Acker
besitzen dürfte. Diejenigen Bauern, welche damals
mehr Land besaßen, hätten dasselbe behalten, aber nach
ihrem Tode hätte Niemand mehr als 40 Acker erben
dürfen. Auf einem „Vierzig=Acker=Stück" kann ein
Bauer sehr gut leben und obschon in Ihren Tagen die
Ackerbauer unter der Zuvielerzeugung von Vieh, Ge=
treide und Früchten aller Art schwer zu leiden hatten,
so entschädigte die Farmer doch die Aussicht auf die be=
ständige Vermehrung der Bevölkerung, verstärkt durch
Einwanderung, für die kümmerliche Gegenwart; denn
die Bevölkerungs=Vermehrung steigerte natürlich den
Werth der Farmländereien."

„Aber wie hätten Sie der Ueberproduction land=
wirthschaftlicher Erzeugnisse Einhalt thun können, wo=
durch die Landbevölkerung im Jahre 1887 so schwer
litt?" fragte ich.

„Das Bundes=Amt für Ermittelungen, auch stati=
stisches Bureau geheißen, würde den Bauern eben so
gedient haben, wie dem übrigen arbeitenden Volke,"
versetzte Forest. „Die Bauern hätten einen National=
Verein bilden und dieser hätte die Produktion regeln
sollen nach der Leistungsfähigkeit der Ackergüter des

ganzen Landes. Und wenn es sich herausstellte, daß
die Farmer ungleich mehr Ackerbau-Erzeugnisse hervorbringen konnten, als der Bedarf erforderte, dann hätten
die Bauern einen Theil ihres Landes zum Anbau neuer
Nutzpflanzen verwenden können, für welche sich vielleicht
ein Markt gefunden hätte; oder sie hätten einfach Arbeit
sparen können, indem sie einen Theil des Bodens brach
liegen ließen."

„Nach Ihrer Ordnung der Dinge hätte nicht Jedermann ein Anrecht an den Grund und Boden gehabt?"
warf ich ein.

„Doch! Jedermann, welcher den Preis zahlen
wollte und konnte, den der Eigenthümer dafür forderte,"
entgegnete Forest. „Es kann nicht Jedermann ein
Landgut besitzen. Besaßen Sie eins?"

„Nein."

„Nun wohl! Unter der communistischen Wirthschaft besitzt Niemand auch nur so viel Land, daß man
einen Stock hinein stecken könnte."

„Wie würden Sie die Thätigkeit der Aerzte und
Rechtsanwälte geregelt haben?"

„Durch gesetzmäßige Feststellung einer Gebühren-
taxe. Und die Gesetze selbst würde ich sehr vereinfacht
haben durch Beseitigung des schauderhaften Wirrwarrs,
welcher aus einer sogenannten Rechtspflege entstand,

die aus der Entscheidung zahlloser früherer Fälle herge=
leitet wurde. Lange habe ich es nicht glauben wollen,
bis ich ganz unzweifelhafte Angaben darüber fand, daß
eine so viel Handel treibende Nation, wie die amerika=
nische es gegen Ende des neunzehnten Jahrhunderts
war, weder ein einheitliches Kriminal=Gesetz, noch ein
einheitliches Handels=Gesetz besaß. Diese Thatsache
und der Wirrwarr, welcher aus den einander wider=
sprechenden Entscheidungen ähnlicher Fälle in früheren
Prozessen folgte (Entscheidungen welche stets von den
Rechtsanwälten beider Parteien in einem Rechtsstreite
vorgeführt werden konnten), müssen die Ver. Staaten
am Ende des neunzehnten Jahrhunderts zu einem Pa=
radiese für Schwindler und für solche Advokaten gemacht
haben, welchen es weniger um die Feststellung des
Rechts zu thun war, als um einen möglichst hohen
„Ehrensold;“ oder, besser gesagt, Sündenlohn.“

„Solche Anklagen wurden zu meiner Zeit vielfach
gegen die Rechtspflege und gegen die Rechtsanwälte er=
hoben,“ schaltete ich ein. „Aber nun sagen Sie mir
was Sie mit den Angestellten der Eisenbahn= und Te=
legraphen=Linien gethan hätten; mit....“

„Fragen Sie gefälligst etwas langsamer,“ ersuchte
mich Herr Forest. „Ich würde alle Eisenbahn= und
Telegraphen-Linien des Landes zu einem angemessenen

Preise aufgekauft und Bundesschuldscheine zur Bezahlung ausgegeben haben. Die Einnahmen der Eisenbahnen= und Telegraphen=Linien würde ich zur Zahlung der laufenden Ausgaben und zur Verzinsung der ausgegebenen Schuldscheine benutzt haben, die Ueberschüsse im Bundes=Schatzamte aber zur Bezahlung der ausgegebenen „Bonds."

„Mir scheint, als stände dieser Vorschlag im Widerspruche mit dem, was sie in Bezug auf die schauderhaften Zustände sagten, die eine Folge der Ansammlung zu großer Macht in den Händen der Regierung sein sollen," fragte ich.

„Nein," antwortete Forest. „Zur Herbeiführung solcher Zustände, wie die jetzigen, wären die Eisenbahn= und Telegraphen=Aemter nicht zahlreich genug, abgesehen davon, daß j e t z t alle Arbeiter von der Regierung ganz abhängig sind, keine Stimme bei der Erwählung der Beamten haben, und ihre Arbeitgeber nicht wechseln können, weil der Staat der einzige Arbeitgeber ist; während zu Ihrer Zeit alle Beamten das Wahlrecht hatten und ihre Stellungen mit andern vertauschen konnten, wenn sie unzufrieden wurden. Auch erinnere ich mich, daß man zu Ihrer Zeit mit der Reformirung des Beamtenwesens begonnen hatte. Ich habe darüber widersprechende Urtheile gelesen. In manchen Auf=

sätzen wurde behauptet, daß die Sicherheit der republi=
kanischen Einrichtungen einen häufigen Wechsel der
Beamten erfordere; während in andern Schichten diese
Ansicht als lächerlich verspottet wurde. Jeder ver=
nünftige Mensch würde einen Mann, der ihm treu und
umsichtig diene, so lange wie möglich behalten. Das
Volk solle dasselbe thun, und seine Angestellten so lange
behalten, wie sie ihre Schuldigkeit thäten; gleichviel
welcher politischen Partei sie angehörten. Nur dadurch
könnte eine gute Verwaltung der öffentlichen Angelegen=
heiten erzielt werden. Ich entsinne mich, gelesen zu
haben, daß Briefträger und andere im Postdienst An=
gestellte nicht entlassen werden durften, wenn man ihnen
keine Pflichtverletzung nachweisen konnte. Wenn diese
Grundsätze auf alle Angestellten des Eisenbahn= und
Telegraphen=Wesens angewendet worden wären, von
dem Augenblick an, da diese Einrichtungen in die Ver=
waltung der Ver. Staaten übergingen; wenn alle An=
gestellten mit denselben Gehältern, die sie früher bezo=
gen, beibehalten worden wären, so lange sie ihre volle
Schuldigkeit thaten, so hätte die Uebernahme des Eisen=
bahn= und Telegraphen=Wesens und die Vereinigung
dieser beiden Verkehrs=Anstalten mit dem Postdienste
nur geringe Schwierigkeiten veranlaßt. „Uncle Sam"
hätte natürlich eben so gute, wenn nicht bessere Gehalte

zahlen können, als die Actien-Gesellschaften, welche
früher den Eisenbahn- und Telegraphen-Dienst leiteten."

„Das klingt ganz annehmbar."

„Und es ist annehmbar. Deutschland hatte mit
der Vereinigung des Post-, Eisenbahn- und Telegra-
phen-Dienstes unter Staatsleitung bereits eine erfolgreiche Probe zu der Zeit gemacht, da man 1887 schrieb.
— Es ist in der That höchst bemerkenswerth, daß ein
so weltkluges, thatkräftiges und handeltreibendes Volk,
wie das der Ver. Staaten am Ende des neunzehnten
Jahrhunderts, die Hauptverkehrsmittel in den Händen
von Körperschaften ließ, welche dieselben natürlich zu
dem Zwecke verwalteten, möglichst großen Gewinn her-
auszuwirthschaften; mitunter auch einen Neben-Gewinn
für einen Directoren-Ring."

„In manchen Geschichtswerken Ihrer Zeit," fuhr
Forest fort, „begegnet man Aeußerungen des Erstau-
nens und des Zorns darüber, daß im vierzehnten und
fünfzehnten Jahrhundert in manchen europäischen Ländern sogenannte Raubritter ihr Unwesen treiben durften. Diese Biedermänner hielten die unter ihren
Schlössern vorbeiziehenden Kaufleute und Reisenden an,
forderten einen Zoll und lieferten ihnen unter Umständen dafür Schutz innerhalb gewisser Grenzen. Dies
waren die „Geschäftsgrundsätze" der „anständigen"

10

Raubritter. Die „unanständigen" plünderten die Reisenden einfach aus, unterschieden sich also in keiner Weise von gewöhnlichen Straßenräubern. Wir haben es hier nur mit den Rittern zu thun, welche für die Benutzung der über ihr Gebiet führenden Straßen eigenmächtig einen Zoll erhoben. Diese Herren wagten ihre gesunden Gliedmaßen, ja ihr Leben an die Eintreibung eines Wegezolles; denn die Kaufleute mußten mit Schwert und Lanze umzugehen, hatten oft bewaffnete Knechte mit sich und leisteten häufig erfolgreichen Widerstand. Mehr als ein Ritter fiel bei seinem Versuche, Zoll zu erheben, im Kampf auf der Landstraße, manches „Raubschloß," dessen Insassen den benachbarten Städten besonders beschwerlich geworden waren, wurde von den Bürgern gestürmt, und der Herr Raubritter büßte seine Gelüste nach Zöllen mit dem Tode. Anders war es zu Ihrer Zeit. Die Herren, welche damals Zölle von den Reisenden und von den Waaren erhoben, die über die Hauptverkehrsstraßen befördert wurden, konnten das ohne alle Gefahr thun. Sie durften diese Zölle auch fast nach Belieben steigern. Alles, was sie zu diesem Zweck zu thun hatten, war die Veranstaltung einer Zusammenkunft der Eisenbahn-Präsidenten bei Delmonico und die Annahme des Beschlusses, daß sie die Preise für die Beförderung von

Reisenden und Frachtgütern erhöhen wollten. Solche
Zusammenkünfte hatten nur dann üble Folgen, wenn
der Champagner schlecht war, welcher bei diesen Ge=
legenheiten getrunken wurde. Es war ein fast lächer=
licher Zustand, daß ein handeltreibendes Volk den
gesammten riesigen Personen= und Frachtverkehr des
Landes der Willkür von Dividenden=machenden Gesell=
schaften preisgab, und es legt ein gutes Zeugniß für
das Billigkeits = Gefühl der Eisenbahn = Beherrscher im
Jahre 1887 ab, daß dieselben das Volk so gut behan=
delten, wie es geschah; da sie ja eigentlich thun und
lassen konnten, was ihnen beliebte."

„Die Gas= und Wasserwerke, sowie die Straßen=
bahn=Linien hätten Sie vermuthlich unter die Leitung
der Stadtverwaltungen gesielt," fragte ich.

„Allerdings," antwortete Forest. „Aber ehe ich
mich mit städtischen Angelegenheiten befaßt hätte, würde
ich unter die Bundes=Verwaltung auch noch diejenigen
Wald= und Bergwerks=Ländereien gestellt haben, welche
damals den Ver. Staaten noch gehörten, d. h. ich würde
eine geordnete Forst= und Bergwerks=Wirthschaft ein=
geführt haben. Wenn das Volk der Ver. Staaten
einigermaßen vernünftig mit den ungeheuren Wäldern
gewirthschaftet hätte, welche früher weite Gebiete dieses
großen Landes bedeckten, so würden wir jetzt, im Jahre
2000, nicht an Holzmangel leiden."

„Was würden Sie mit den Bankiers und mit den Kaufleuten angefangen haben?"

„Nichts," entgegnete Forest. „Die zahlreichen Pro= ductiv=Genossenschaften hätten nicht nur Männer ge= braucht, welche den Betrieb der Fabrik leiten konnten, sondern auch Geschäftsführer und Buchhalter. Denn die Arbeiter würden sehr bald die Entdeckung gemacht haben, daß die Handarbeit allein nicht genügt, um ein großes Unternehmen mit Erfolg und zum Nutzen aller Betheiligten zu betreiben. Als Geschäftsleiter und Buchhalter hätten viele Bankiers und Buchführer wieder Anstellung gefunden. Die Eigenthümer von Läden aller Art hätten, falls von den Productiv= Genossenschaften Verbrauchs=Vereine begründet worden wären, die alle Waaren hielten, wie zu Ihrer Zeit die sogenannten „Country Stores," sehr leicht Anstellung finden können, nachdem sie ihren Waaren=Vorrath verkauft hatten."

„Ich glaube, daß unter Ihrem System alle Läden gezwungen worden wären, ihre Thüren zu schließen," bemerkte ich. „Denn die verschiedenen Gewerkschaften hätten ganz sicher eigne Läden eingerichtet, alle Waaren im Großen gekauft und den Mitgliedern der Genossen= schaften mit kleinem Gewinn wieder verkauft. Mit solchen Geschäften hätten die Kaufleute natürlich nicht

concurriren können. Diejenigen Ladenbesitzer, welche
nicht im Stande gewesen wären, Anstellungen in den
Geschäften der Genossenschaften zu erlangen, hätten sich
nach anderer Arbeit umsehen müssen; — für viele der=
selben ein hartes Loos!"

„Der Uebergang von dem Betrieb der Industrie auf
Rechnung einzelner Leute oder Actien=Gesellschaften zu
dem Betrieb durch Productiv=Genossenschaften wäre
sicher kein plötzlicher gewesen, sondern allmälig ge=
schehen," erklärte Forest. „Dadurch hätten die Kauf=
leute vielleicht dreißig oder fünfzig Jahre Zeit gefunden,
sich in die neue Ordnung der Dinge zu schicken. Ihre
Kinder hätten sich, anstatt Kaufleute zu werden, den
Gewerkschaften anschließen können. Außerdem liegt
kein Grund zu der Annahme vor, daß aller kauf=
männischen Thätigkeit Einzelner durch die Läden der
Verbrauchs=Genossenschaften ein Ende gemacht werden
müßte. Die Billigkeit einer Waare allein sichert ihr
nicht unter allen Umständen die Käufer. Der Geschmack
beim Einkaufe hat sehr viel damit zu thun und viele
Leute zahlen lieber für einen Gegenstand, der ihnen
gefällt, etwas mehr, als für einen andern, der eben so
zweckentsprechend, aber nicht so hübsch ist. Deshalb
hätten Kaufleute, die beim Einkauf ihrer Waaren keinen
Geschmack entwickelten, immer auf Kundschaft zählen

können, allen Genossenschafts=Läden zum Trotz. — Auch in vielen Landbezirken hätten sich Läden einzelner Kaufleute wohl halten können."

„Sie sagten, Sie würden ein Bundes=Gesetz erlassen haben, demzufolge Niemand mehr als 40 Acker Land besitzen sollte," sagte ich. „Hätten Sie auch das Recht der Städter auf Besitz von Grundeigenthum beschränkt?"

„Der Besitz eines Hauses hätte jeden billig den= kenden Menschen befriedigen sollen," entgegnete Forest. „Niemand kann in Abrede stellen, daß die Ansammlung von Reichthümern, die sich in die Millionen beliefen, in den Händen Einzelner, während andererseits Viele nicht die nöthigsten Lebensbedürfnisse hatten, diesem verdammenswerthen Communismus vorarbeitete, ihn möglich machend."

„Wie hätten Sie aber die Ansammlung von großen Reichthümern verhindern wollen?" fragte ich neugierig.

„Durch Aenderung des Steuerwesens," antwortete Forest. „An Stelle mancher Steuern, welche Sie erhoben, und welche großentheils den Unbemittelten mehr belasteten als den Reichen, hätte ich eine Erb= schaftssteuer eingeführt, die zur Aufrechterhaltung der Bundes=, Staats= und Gemeinderegierungen beigetragen hätte. Ich würde eine Steuer von einem Procent auf jede Erbschaft vorgeschlagen haben, welche Jemandem zufiel und sich auf nicht mehr als $10,000 belief. Eine Erbschaft von $20,000 würde ich mit zwei Procent besteuert haben, $30,000 mit drei Procent, $100,000 mit zehn Procent, $200,000 mit zwanzig Procent, $500,000 mit fünfzig Procent. Hätte Jemand ein so großes Vermögen hinterlassen, daß auf jeden Erben mehr als $500,000 (d. h. nach Abzug der Erbschafts- steuer $250,000) entfallen wären, so würde der Ueber- schuß als ein Erbtheil der Menschheit angesehen und zur Bestreitung der Bundes-, Staats- und Gemeinde- Ausgaben verwendet worden sein."

„Würde ein solches Gesetz nicht als ein Abküh- lungs-Mittel auf den Unternehmungsgeist gewirkt und den Wettbewerb gelähmt haben, den Sie stets als den Urquell alles menschlichen Fortschritts preisen?" fragte ich.

„Es hätte nur die Ansammlung ungeheurer Ver- mögen verhindert und den Wettbewerb nicht gehindert, sondern im Gegentheile geschützt," gab Forest zur Ant- wort. „Leute, welche zwanzig, oder fünfzig Millionen Dollars besaßen und diese großen Geldmittel rücksichts- los im „Kampfe um das Dasein" verwendeten, waren gefährlicher, als Diebe und Einbrecher. Sie konnten jede Concurrenz weniger bemittelter Bewerber vernichten und oft bedienten sie sich erbarmungslos ihrer Macht. Sie traten den Wettbewerb todt, vermehrten ihre Millionen und bahnten dem fluchwürdigen Communismus den Weg. War es nicht ein großes Unrecht, daß ein Mensch, welcher durch allerlei Mittel ein großes Vermögen angesammelt hatte, dieses unverkürzt einem Sohne hinterlassen konnte, letzteren in den Stand setzend, die Abschlachtung der Concurrenten und die Vermehrung der Millionen fortzusetzen? Was konnte der tüchtigste Mensch in vielen Berufszweigen erzielen, wenn er auf einen anderen Menschen stieß, der vielleicht geringere Fähigkeiten, aber viel Geld und kein Gewissen besaß und seine Millionen in der rücksichtslosesten Weise zum Verderben seiner Concurrenten benützte. — Nein! Reiche Eltern mögen immer für ihre Kinder ein ansehnliches Vermögen hinterlassen, welches ihre Lieblinge gegen Nahrungssorgen sicher stellt; aber sie sollten ihre Kinder nicht in den Stand setzen, die Kinder ärmerer Eltern im Kampfe um's Dasein an die Wand zu drücken und im Wettbewerb zu tödten."

„Eine solche Erbschaftssteuer würde in meiner Zeit erbitterten Widerstand gefunden haben," bemerkte ich.

„Wohl möglich," entgegnete Forest. „Wahrscheinlich hätten jene kurzsichtigen Millionäre, welche durch ihr Treiben den Communismus heraufbeschworen, Ein-

wand dagegen erhoben. Ich bin nichts desto weniger
der Meinung, daß solch ein Gesetz nicht nur der Mensch=
heit im Allgemeinen, sondern auch den Kindern der
Millionäre genützt haben würde. Nur ein Gesetz dieser
Art, welches die Zertrümmerung der Riesenvermögen
bewirkt haben würde, hätte den Ansturm des Commu=
nismus und der Anarchie zurückwerfen können. Je=
mand, der $250,000 erbte, hätte mit dieser Summe
wohl zufrieden sein und den Ueberschuß der Erbschaft
dem Gemeinwesen willig abgeben können. Durch Auf=
opferung eines Theiles der Erbschaft hätten die Erben
jener Riesen=Vermögen den Rest gerettet und den Com=
munismus geschwächt. Außerdem erscheint es mir sehr
zweifelhaft, daß der Besitz großer Reichthümer deren
Eigenthümer gut, oder glücklich machte."

„Wenn im Jahre 1887 in den Vereinigten Staa=
ten ein solches Gesetz erlassen worden wäre, würden die
meisten Millionäre ihren Besitz zu Gelde gemacht haben
und nach Europa ausgewandert sein," wendete ich den
Auseinandersetzungen Forest's gegenüber ein. Dieser
erwiderte:

„Das glaube ich auch. Aber Derjenige, der einen
großen Besitz antritt, den er nicht erworben hat, kann
sehr wohl eine hohe Abgabe an die Gemeinde entrich=
ten und die durch eine derartige Erbschaftssteuer be=

wirkte Zerstücklung der großen Vermögen hätte den communistischen Wühlereien die Spitze abgebrochen. Selbstverständlich hätte eine solche Steuer nach vorangegangenen iuternationalen Verhandlungen in allen größeren Culturstaaten gleichzeitig eingeführt werden müssen."

„Die Versuchung, die hohe Abgabe zu vermeiden, würde sehr groß gewesen sein", machte ich geltend. „Viele Leute würden es versucht haben, die Steuer theilweise zu umgehen, indem sie die Erbschaften den Behörden gegenüber kleiner angaben, als sie wirklich waren; oder indem sie schon bei Lebzeiten ihren Kindern und Verwandten einen Theil der Erbschaft schenkten."

„Der Versuch der Steuerbetrügerei hätte mit Wegnahme des gesammten Eigenthums bestraft werden können," sagte Forest, „die Geschenke dagegen hätten eben so besteuert werden können, wie die Erbschaften. Angesichts der Gerechtigkeit und der wohlthätigen Wirkungen eines solchen Gesetzes hätte man einige Beschwerlichkeiten in der Durchführung schon mit in den Kauf nehmen können; zumal diese Schwierigkeiten sich nur anfangs schroff geltend gemacht haben würden. Sobald der Betrieb der Eisenbahn= und Telegraphen=Linien an die Vereinigten Staaten, der Betrieb der Industrie und der Handel mit Lebensbedürfnissen dagegen an die Genossenschaften übergegangen wäre, würden Vermögen im Betrage von fünfzig oder hundert Millionen Dollars zu den gewesenen Dingen gehört haben; denn alle diese Einrichtungen hätten eben so wohl der Verarmung wie der Anhäufung großer Reichthümer entgegen gewirkt. Die Zahl der Agenten und Zwischenhändler würde bedeutend vermindert worden sein, jeder Mann wäre zu einer nutzbringenden Thätigkeit ermuthigt worden und würde einen Lohn empfangen haben, welcher der Güte und Menge seiner Leistungen entsprochen hätte."

„Würden nicht solche Cliquen und Sippen sich gebildet haben, wie diejenigen, welche nach Ihrer Behauptung Ihre Regierung beeinflussen?" fragte ich. „Und würden diese Sippen nicht die Leitung der Fabrikations= und Verbrauchs = Genossenschaften an sich gerissen haben? Hätten nicht Cliquen den guten Arbeiter zu gering, den begünstigten schlechten Arbeiter zu hoch bezahlen können?"

„Solche Fälle hätten wohl eintreten können, würden aber zur Folge gehabt haben, daß die tüchtigen Arbeiter eine Genossenschaft verlassen hätten, in welcher sie zu Gunsten der Faullenzer und Pfuscher betrogen wurden. Sie hätten leicht Aufnahme in einer andern Genossenschaft gefunden; denn gute Arbeiter werden überall da gewürdigt, wo der Wettbewerb herrscht. Dagegen würde eine Genossenschaft, welche ihre tüchtigsten Arbeiter vertrieben hätte, in ihren Leistungen zurückgegangen und unfähig geworden sein, den Wettbewerb ferner auszuhalten. Derartige Schwierigkeiten würden sich also sehr leicht aus= geglichen haben."

„Natürlich müssen Sie auf Gegenseitigkeit be= ruhende Versicherungs=Gesellschaften unter den Berufs= genossenschaften befürworten, Gesellschaften, welche alle Betheiligten gegen Unfälle, Krankheiten, Arbeits= unfähigkeit jeder Art sicher stellten und in einem gewissen Alter eine Pension gewährten," sagte ich. Und wahrscheinlich würden diese Versicherungs=Gesell= schaften auch Feuer= ı ı Lebens=Policen ausgestellt haben."

„Dies würde allerdings eine Folge des Systems gewesen sein, welches die wenigen Vortheile, die der Communismus bietet, mit den Wohlthaten vereint, die aus dem Wettbewerbe erwachsen," antwortete Forest.

„Würden Sie die Einwanderung ermuthigt haben?" fragte ich weiter. „Am Ende des neunzehnten Jahrhunderts waren viele ehrliche, wohlmeinende, durchaus nicht engherzige Leute, die Niemand des Fremdenhasses beschuldigen durfte, der Ansicht, daß die

Vereinigten Staaten alle fremden Elemente auf=
genommen hätten, welche sie allenfalls verdauen konnten
und daß der Rest der Bundesländereien für die Kinder
der Bewohner der Ver. Staaten aufgehoben werden
sollte. Die Abneigung gegen weitere Einwanderung
war großentheils durch die deutschen und irischen
„Dynamiteriche" verschuldet worden."

„Ich kann mir vorstellen," entgegnete Forest, „daß
manche Sitten und Schrullen der Einwanderer Ihrer
Zeit den eingeborenen Amerikanern anstößig erschienen,
und daß die Verbrechen der Dynamit=Wütheriche gegen
die Gesetze des Landes, das sie gastfrei aufgenommen
hatte, eine tiefe Entrüstung bei den Anglo=Amerikanern
hervorgerufen haben mußten. Nichts desto weniger
glaube ich, daß Ihre Zeitgenossen alle Ursache hatten,
die Einwanderung zu ermuthigen. Strenge Hand=
habung der Gesetze gegen a l l e Uebertreter derselben,
gegen die e i n g e b o r e n e n sowohl, wie gegen die
e i n g e w a n d e r t e n, würde dem Lande sehr wohl
gethan und alle Versuche überflüssig gemacht haben, die
Einwanderung zu beschränken. Die wirklich anstößigen
Einwanderer hätte man doch nicht aus dem Lande
halten können, wenn sie hinein wollten; denn diese
Leute wären, falls man ihnen die Häfen der Vereinigten
Staaten verschlossen hätte, über Mexico oder Canada
eingewandert."

„Diese selben Gründe wurden zu meiner Zeit vielfach geltend gemacht," bemerkte ich zustimmend.

„Das vergleichsweise geringe Unheil, welches die Einwanderer anrichteten, wurde ganz in den Schatten gestellt durch den großen Nutzen, welcher dem Volke der Vereinigten Staaten aus dem europäischen Menschenstrom erwuchs," fuhr Forest fort. „Die einfache Thatsache, daß Hunderttausende gesunder Menschen, deren Aufzucht und Erziehung den europäischen Ländern mehrere hundert Millionen Dollars gekostet hatte, den amerikanischen Boden betraten, war ein großer Gewinn für die Vereinigten Staaten. Die bloße Anwesenheit dieser Männer und Frauen erhöhte den Werth des Landes da, wo sie sich niederließen; so die Grundeigenthümer bereichernd. Viele der Einwanderer waren geschulte Arbeiter und Handwerker, andere Künstler und Gelehrte. Alle diese Männer und Frauen waren aber mit den Sitten, den Geschäfts-Gebräuchen, den Landes-Verhältnissen und oft auch mit der englischen Sprache nicht vertraut. Sie mußten daher fast ausnahmslos beim B e g i n n ihrer amerikanischen Thätigkeit die untersten Plätze im amerikanischen Erwerbsleben einnehmen. Dadurch erhoben sie naturgemäß alle Diejenigen, welche schon in den Vereinigten Staaten wohnten, zu mehr oder weniger höheren Stellungen im Leben."

„Viele dieser Leute, welche aus allen Theilen Europas hierher kamen, waren befähigte und gebildete Menschen, welche mit der Zeit erfolgreiche Mitbewerber der älteren Ansiedler wurden. Aber der beständige Menschenstrom, welcher sich aus den europäischen Ländern nach den Vereinigten Staaten ergoß, bereicherte und erhob doch beständig das amerikanische Volk und alle die Schläge, welche gegen die Einwanderung gerichtet wurden, waren deshalb unklug. Die Gesetzgeber, welche solche Maßregeln befürworteten, erinnern mich an den Mann, welcher eine Gans schlachten wollte, die jeden Tag ein goldenes Ei legte."

Nach einer kurzen Pause schloß Forest seine Auseinandersetzungen folgendermaßen:

„Es ist natürlich ganz unmöglich, irgend welche Vorschläge zur Umgestaltung der Gesellschaft zu entwickeln, welche sich allgemeiner Zustimmung erfreuen könnten. Ich behaupte indeß, daß alle solche Vorschläge zwei leitende Grundsätze verkörpern müssen. Alle Verbesserungs-Vorschläge sollten den Zweck haben, aus der menschlichen Gesellschaft die unverschuldete Armuth zu verbannen, indem sie die Furcht vor derselben durch zweckmäßige Versicherungs-Einrichtungen beseitigen und sie sollten den Wettbewerb erhalten, die gewaltige

Kraft, welche beständig Jedermann anspornt, seine besten Kräfte einzusetzen, um sich selbst und die Menschheit auf einen höheren Standpunkt zu erheben."

Achtes Kapitel.

Als ich Herrn Forest nach unserer letzten Unterredung verlassen hatte, war ich theils durch seine Auseinandersetzungen, theils durch meine eigenen Wahr-
nehmungen überzeugt worden, daß der Communismus
nicht, wie Dr. Leete behauptete, das tausendjährige
Reich menschlicher Glückseligkeit herbeigeführt, sondern
im Gegentheil die Menschheit in vielen Beziehungen
erniedrigt hatte.

Es war mir klar, daß ich mit Dr. Leete offen über
den Wechsel meiner Ansichten sprechen und meine Stellung als Professor im Shawmut - College aufgeben
mußte, ohne Rücksicht auf die jedenfalls unausbleiblichen
übeln Folgen.

Dr. Leete hatte mich mit großer Güte behandelt.
Ich war überzeugt, daß mein liebenswürdiger Gastfreund mir auch dann seine Freundschaft geschenkt haben
würde, wenn ich mich nicht gleich vom Anbeginn für
den Communismus begeistert hätte. Er würde andere
Ansichten sicherlich geduldet haben, wenn ich nur die
Regierung nicht offen bekämpft hätte. Vielleicht hätte
er sogar in meine Verbindung mit Edith gewilligt.

(161)

Ganz anders lagen aber die Verhältnisse jetzt. Der Wechsel meiner Ansichten mußte für Dr. Leete im höchsten Grade unangenehm werden. Er hatte mich als einen Mann empfohlen, der sich besonders zum Nachfolger Forest's als Professor der Geschichte des neunzehnten Jahrhunderts eigne. Meine Ernennung war lediglich eine Folge seiner Empfehlung und mein Abfall vom Communismus mußte nothwendiger Weise das Ansehen schädigen, dessen Dr. Leete sich bisher erfreute. Es war mir nicht zweifelhaft, daß mein Gastfreund das tief empfinden würde. Mein plötzlicher Meinungswechsel in Bezug auf die Gesellschaftsordnung war ja nur eine Folge meiner Unkenntniß volkswirthschaftlicher und gesellschaftlicher Lehren und Erfahrungen. Nichtsdestoweniger mußte mein Abfall mir in der Leete'schen Familie und in den politischen Kreisen außerordentlich schaden. War man nicht gezwungen, mich für einen oberflächlichen, faden und undankbaren Menschen zu halten, der sich nicht nur in wenigen Wochen aus einem begeisterten Anhänger der Gütergemeinschaft in einen entschiedenen Gegner dieser Lehre verwandelt, sondern durch sein Verhalten auch seinen wohlwollenden Freund in eine sehr peinliche Lage gebracht hatte?

Und was mußte Edith von meinem Gesinnungs-

wechsel und von meinem Rücktritt aus der Profeſſur
denken? Sie liebte und verehrte ihren Vater. Würde
ihre junge Neigung zu mir ſich in dieſem ſchweren
Kampfe lebenskräftig zeigen? Meine blinde Begeiſte=
rung für die neue Ordnung der Dinge war von der
Regierungs=Preſſe dem ganzen Lande verkündet worden.
Man hatte beſonderes Gewicht darauf gelegt, daß
gerade ich, ein lebender Zeuge der früheren Geſellſchafts=
Ordnung, ein fanatiſcher Anhänger des Communismus
geworden wäre. Mein Abfall von dieſer Lehre, gleich
nachdem ich mit ihr und den Folgen ihrer Durchfüh=
rung näher vertraut geworden war, verſetzte die Preſſe
der Regierung in eine ſehr peinliche, faſt komiſche Lage.
Es war vorauszuſehen, daß man mich als einen grund=
ſatzloſen Demagogen, vielleicht ſogar als einen gefähr=
lichen Schurken behandeln würde. Ich mußte natürlich
erwarten, daß man mich in die zweite Abtheilung eines
dritten Grades ſtecken und mir die denkbar unange=
nehmſte Arbeit zuertheilen würde; — wenn man mich
nicht gar in ein Tollhaus brachte. Konnte ich noch daran
denken, Edith Leete, welche im Hauſe ihres angeſehenen
Vaters wie eine Blume in einem wohlgepflegten Gar=
ten aufgewachſen war, aufzufordern, das Schickſal eines
Mannes zu theilen, der von den Menſchen entweder als
ein flachköpfiger Schwätzer oder als ein grundſatzloſer

Heuchler angesehen werden mußte, für den eine Stellung in der zweiten Abtheilung des dritten Grades eigentlich noch viel zu gut war?

Die Furcht, Edith's Liebe zu verlieren, drängte eine Zeit lang alle meine andern Gedanken in den Hintergrund; denn in Edith Leete liebte ich Edith Bartlett und die Vorstellung, daß Edith sich von mir abwenden könnte, legte sich wie ein Alp auf mein Herz. Niemals in meinem Leben hatte ich mich so hoff= nungslos elend gefühlt, wie auf meinem Wege zum Hause des Dr. Leete nach meiner letzten Unterredung mit Herrn Forest.

Einen Augenblick erwog ich den Gedanken, mei= nem elenden, aussichtslosen Dasein mit eigener Hand ein Ende zu machen; dann aber entschloß ich mich, mein Schicksal wie ein Mann zu tragen. So schritt ich denn Dr. Leete's Hause zu, entschlossen, meine Freunde nicht zu täuschen und meine Schuldigkeit als Mann von Ehre zu thun.

Ich fand Dr. Leete, der sonst immer freundlich und gefaßt erschien, in aufgeregter Stimmung. Er blickte sorgenvoll und drohend zugleich drein. Ehe ich ihn anreden konnte, blieb er auf dem Wege durch das Zimmer vor mir stehen und sagte:

„Ich habe die glaubwürdige Nachricht erhalten,

daß unser gemeinschaftlicher Freund Fest einen Aufstand
der Radikalen veranlassen möchte. Während der letzten
Tage haben mehrere geheime Versammlungen stattge=
funden und ich weiß, daß Fest die Absicht hat, den
Anfang hier in Boston zu machen."

„Wie wollen Sie sein Vorhaben vereiteln?" fragte
ich. „Wollen Sie die Bürger aufrufen und die Ver=
schwörer verhaften lassen? Ich stehe jedenfalls zu Ihren
Diensten," fügte ich hinzu, sehr froh, meinem Gast=
freunde wenigstens gegen die Radikalen dienstwillig sein
zu können. Denn ich verabscheute deren Lehren noch
mehr als deren Führer.

„Ich bezweifle, daß es politisch klug wäre, einen
Aufruf an die Bürger zu erlassen," entgegnete der
Doctor. „Durch einen solchen Schritt würde man der
Verschwörung zu viel Bedeutung verleihen. Ich wollte,
ich hätte diesen Fest unter ärztliche Behandlung gestellt,
gleich nachdem er zum letzten Male mein Haus verließ.
Er allein ist gefährlich. Sein Anhang bedeutet an sich
nicht viel. Aber unter der Führung eines Menschen,
der, wie Fest, eine gewisse rohe Beredsamkeit mit Kühn=
heit und persönlicher Kraft verbindet, kann eine Empö=
rung immerhin gefährlich werden. Um das zu ver=
hüten, habe ich Auftrag gegeben, den Hauptverschwörer
zu verhaften und ihn an einem sichern Platze unter
ärztliche Behandlung zu nehmen."

Ich konnte diesen Schritt nicht gutheißen, obschon derselbe Erfolg versprach. Unangenehm berührte es mich, daß man einen politischen Feind nicht offen als solchen behandeln und unschädlich machen wollte, sondern daß man auch hier wieder von Heilanstalt und ärztlicher Behandlung faselte. Ich hielt es indeß für nutzlos, in diesem Augenblicke meine Ansichten über diese Behandlungsart politischer Gegner auseinander zu setzen und fragte Herrn Leete nur, ob er einige Minuten für meine Angelegenheiten übrig habe. Ich hielt es für meine Pflicht, nunmehr offen mit Edith's Vater zu sprechen.

Mit seiner gewöhnlichen Güte wandte Dr. Leete sich zu mir und bat mich, wenn es mir nicht unangenehm sei, die Unterredung auf den nächsten Morgen zu verschieben.

Ich gab meine Zustimmung.

Wir gingen in das Speisezimmer und setzten uns zu Tische. Frau Leete hatte aus dem Kochhause ein leichtes Abendbrot holen lassen; aber Niemand bekundete irgend welche Eßlust. Wir Alle waren in unruhiger Stimmung.

Dr. Leete blickte auf seine Uhr.

„Fest sollte sich jetzt bereits unter der Obhut der Beamten und Aerzte befinden," sagte er. „Ich erwarte einen Bericht."

Nachdem einige weitere Minuten in unruhiger Erwartung vergangen waren, hörten wir Lärm auf der Straße. Eine große Volksmenge schien sich dem Hause zu nähern.

Die Hausthür wurde geöffnet und ein lärmender Volkshaufe füllte den Flur sowie das Speisezimmer. An der Spitze befand sich Fest, welcher offenbar einen heißen Kampf bestanden hatte. Sein wollenes Hemd war zerrissen und das Schlächterbeil, welches er in seiner Rechten hielt, triefte von Blut.

„Hier bin ich wieder, Dr. Leete," rief er mit seiner mächtigen, etwas heisern Stimme. „Ich habe Sie gewarnt und Ihnen gesagt, daß ich Ihr Haus nie wieder als Freund betreten würde. Und da Sie, ver= fluchter alter heuchlerischer Tyrann Befehl gegeben haben, mich gesunden Menschen in ein Tollhaus zu sperren, so habe ich beschlossen, daß Sie heute Abend noch sterben sollen. Das Volk von Boston soll von Ihrer Tyrannei befreit werden."

Ich ergriff ein Messer und trat an Dr. Leete's Seite, entschlossen, ihn mit meinem Leibe zu decken.

Aber in diesem Augenblicke wurde die Aufmerk= samkeit des Menschenhaufens durch Forest in Anspruch genommen, der sich durch die Menge drängte, auf den Eßtisch sprang und ohne Zeitverlust rief:

„Ihr Alle kennt mich und wißt, daß ich ein Feind dieses Mannes bin." Dabei wies er auf Dr. Leete. „Weil ich unsere elende Regierung nicht vertheidigen wollte, wurde ich aus meiner Professoren = Stellung verdrängt und Dr. Leete war es, der mir eine Haus= knechtsstelle in der Universität anwies."

„Das sieht dem miserablen alten Kerl ähnlich," schrie ein schmutzig aussehender Bursche.

„Deshalb sage ich: Nieder mit einer Regierung, welche die freie Rede erwürgen wollte!" redete Forest weiter. „Nieder mit der Tyrannei! Aber laßt uns diesen jämmerlichen alten Sünder nicht abschlachten. Es ist kräftiger, bewaffneter Männer, wie wir es sind, ganz unwürdig, einen unbewaffneten, alten Menschen zu tödten. Wir wollen ihn in dasselbe Tollhaus sperren, in welches er unseren Freund Fest schicken wollte."

„Ja! So ist es recht! Sperrt ihn in ein Toll= haus!" brüllten die Radikalen.

Es war klar, daß Forest versuchte, Dr. Leete's Leben zu retten. Mein Blick glitt zu Edith hinüber. Sie war todtenbleich, aber gefaßt. Sie hatte ihren linken Arm um ihren Vater geschlungen und ihr Auge begegnete dem meinigen freundlich wie immer. Unglück= licherweise bemerkte Fest diesen Blick Edith's und seine Eifersucht brach mit erneuter Wuth los.

„Ihr verdammten Narren," schrie er mit vor Grimm fast erstickter Stimme. „Merkt Ihr denn nicht, daß dieser Forest den Versuch macht, das Leben jenes verschmitzten und gefährlichen alten Tyrannen zu retten? Aber das soll ihm nicht gelingen. Als meinen Antheil an der Beute verlange ich das Leben Leete's und seine lebendige Tochter."

„Thue, was Du willst, Bob," riefen einige aus dem Haufen.

„Verlassen Sie dieses Haus, Forest," befahl Robert Fest. „Ich hege keinen Groll gegen Sie. Wenn Sie aber meinen Weg kreuzen, werden Sie die Folgen zu tragen haben."

„So lange ich lebe, sollen Sie in diesem Hause und an diesem alten Manne nicht zum Mörder werden," entgegnete Forest. „Sie sollten sich schämen, Fest! Ihr Benehmen ist eines Mannes von Ehre ganz unwürdig."

„Schweig, Du Narr," schrie Fest wüthend. „Der heuchlerische Schurke Leete hat das Volk lange genug geknechtet. Er muß sterben und wenn Du Dich nicht aus dem Wege machst, wirst Du mit ihm zur Hölle fahren."

Ein Zorn, wie ich ihn nie zuvor empfunden, riß mich hin.

„Was hat dieser alte Mann gethan, um Deinen

Blutdurst zu erregen, Du gemeiner, grausamer Feig=
ling," rief ich, auf Fest zuspringend, um ihm mein Mes=
ser in die Brust zu stoßen. Aber ein Dutzend Fäuste
entwaffnete mich, während Fest befahl:

„Steckt den Jubelgreis in einen Sack und werft
ihn in den Hafen. Obschon ich in den Augen des Pro=
fessors kein Mann von Ehre bin, halte ich doch mein
Wort und ich habe dem ausgegrabenen Gespenst ver=
sprochen, daß ich es wie einen jungen Hund ersäufen
würde, wenn er mir wieder zwischen die Beine läuft."

Er erhob seine blutige Axt und schritt auf Dr.
Leete zu, der bewegungslos dastand, seine grauen Augen
auf den rohen Feind gerichtet.

Noch einmal versuchte Forest das Leben des alten
Herrn zu retten, indem er sich vor diesen stellte; aber
ein Kerl mit struppigem Bart und kleinen, viehisch fun=
kelnden Augen begrub ein langes Messer in Forest's
treuer Brust. Mit den Worten: „Wir sind quitt, Leete,"
stürzte er zu Boden.

Edith rang mit zwei Männern, welche versuchten,
sie von ihrem Vater fortzuführen, als Fest's Fleischer=
axt auf das graue Haupt Dr. Leete's niederfiel.

Ohne einen Laut von sich zu geben, brach er todt
zusammen.

Edith stieß einen lauten Schrei aus und verlor die

Befinnung. Feſt fing ſie in ſeinem mit dem Blute ihres Vaters beſpritzten Arme auf.

„Sie weigerte ſich, mein Weib zu werden,“ ſagte er mit einem gleichzeitig rohen und boshaften Grinſen. „Jetzt iſt ſie mein, ohne die alberne Eheſchließerei.“

Und während er, Edith forttragend, zur Thür ſchritt, rief er ſeinen Genoſſen zu: „Schlagt alle Freunde der Regierung todt, meine Jungen! In einer Stunde werde ich Euch auf dem Rathhauſe treffen.“

Ich machte eine letzte, verzweifelte Anſtrengung, die Männer von mir abzuſchütteln, welche mich feſthiel= ten und—erwachte am 31. Mai 1887 in meinem Bette. An meiner Seite befanden ſich ein Arzt und mein Die= ner Sawyer, welche längere Zeit vergeblich verſucht hat= ten, mich aus meinem tiefen durch den Mesmeriſten ver= anlaßten Schlaf zu erwecken.

Mehr als eine Stunde verging, bis ich mein Denk= vermögen wieder erlangt hatte; dann aber machte ein tiefer Seufzer meiner Beklemmung ein Ende.

Mit Blitzesſchnelle jagten alle Einzelheiten meines anziehenden und doch auch ſchrecklichen Traumes an meinem Geiſte vorüber. Wiederum wog ich die Gründe, welche Dr. Leete und Foreſt für ihre Anſichten vorge= führt hatten, gegen einander ab und ich fühlte mich un= endlich glücklich bei dem Bewußtſein, daß ich im neun=

zehnten Jahrhundert und nicht in dem Communisten=
Staate lebte, der mir wie ein riesiges Zuchthaus am
Abende vor einem Aufstande der Sträflinge erschien.

„Lieber will ich doch in der Freiheit schwer arbei=
ten, als täglich in einem gefängnißartigen Dasein einige
Stunden mehr müßig zu gehen," sagte ich, in Betrach=
tungen versunken, zu mir selbst. „Denn die
Arbeit ist kein Uebel! Und ehe ich mich unter
die communistische Sclaverei beuge, will ich lieber einige
Jahre länger thätig sein und auf einige Lebensannehm=
lichkeiten verzichten. Die meisten Genüsse, nach welchen
wir streben, erscheinen ohnehin am begehrenswerthesten,
so lange wir uns ihrer nicht erfreuen. Wenn wir das
Erstrebte erreicht haben und an den Genuß gewöhnt
sind, verliert er fast immer jeden Reiz."

Ich beschloß, künftighin mein bestes Können für
die Förderung alles dessen einzusetzen, was der Mensch=
heit zum Heile gereichen muß; vor Allem aber zur Zu=
friedenheit zu mahnen, welche die einzige verläßliche
Grundlage für menschliches Wohlbehagen bildet. Glück=
seligkeit ist ja viel unabhängiger von Wohlstand, als
viele glauben; ja in Wirklichkeit scheitert das Wohlbe=
hagen nur zu oft an Ruhm und Reichthum. Ob wir
uns glücklich fühlen, oder nicht, das hängt großentheils
von unserer Lebensauffassung ab. In Victor Scheffels

prächtigem Gedicht „Der Trompeter von Säkkingen"
singt der junge Werner, als er von seiner geliebten
Margarethe Abschied nehmen muß, in schwerem Kum=
mer:

> Das ist im Leben häßlich eingerichtet:
> Daß neben Rosen gleich die Dornen steh'n;
> Und was das arme Herz auch sehnt und dichtet:
> Am Ende kommt das Voneinandergeh'n.

Aber die schöne Margarethe wird am Ende mit
Werner wieder vereint. Sie wird sein Weib. Und
der junge Sänger wäre dem Gange seines eigenen
Schicksals und einer verständigen Lebensauffassung viel
näher gekommen, wenn er seine kummervollen Verse ein
wenig geändert hätte, so daß sie beim Abschiede von
seiner geliebten Margarethe mehr tröstend, also gelautet
hätten:

> Das ist im Leben herrlich eingerichtet:
> Daß neben Dornen auch die Rosen steh'n.
> Und was das arme Herz auch sehnt und dichtet:
> Am Ende kommt ein ew'ges Wiederseh'n.